**COMO SE PREPARAR PARA
UMA ECONOMIA LIBERAL**

LAWRENCE W. REED

COMO SE PREPARAR PARA UMA ECONOMIA LIBERAL

Princípios e práticas para destacar-se no novo cenário

Tradução:
MATHEUS PACINI

COPYRIGHT © FEE (FOUNDATION FOR ECONOMIC EDUCATION), 2019
COPYRIGHT © LAWRENCE W. REED, 2019
COPYRIGHT © FARO EDITORIAL, 2019

Todos os direitos reservados.
Nenhuma parte deste livro pode ser reproduzida sob quaisquer meios existentes sem autorização por escrito do editor.

Diretor editorial PEDRO ALMEIDA
Coordenação editorial CARLA SACRATO
Preparação MONIQUE D'ORAZIO
Revisão BARBARA PARENTE
Capa e diagramação OSMANE GARCIA FILHO
Imagem de capa LE SERMENT DU JEU DE PAUME - DOMÍNIO PÚBLICO

Dados Internacionais de Catalogação na Publicação (CIP)
Angélica Ilacqua CRB-8/7057

Reed, Lawrence W.
    Como se preparar para uma economia liberal : princípios e práticas para destacar-se no novo cenário / Lawrence W. Reed ; tradução de Matheus Pacini. — São Paulo : Faro Editorial, 2019.
    160 p.

    ISBN 978-85-9581-099-0
    Título original: Are we good enough for liberty?

    1. Economia 2. Ciências sociais 3. Liberdade 4. Caráter 5. Educação moral I. Título II. Pacini, Matheus

19-2608	CDD 330

Índice para catálogo sistemático:
1. Economia liberal

1ª edição brasileira: 2019
Direitos de edição em língua portuguesa, para o Brasil, adquiridos por FARO EDITORIAL

Avenida Andrômeda, 885 — Sala 310
Alphaville — Barueri — SP — Brasil
CEP: 06473-000 — Tel.: +55 11 4208-0868
www.faroeditorial.com.br

SUMÁRIO

Prefácio 7

LIBERDADE E CARÁTER: A CONEXÃO INDISPENSÁVEL 11

Um homem pobre, porém honesto 17
De onde vem o caráter? 21
A importância da gratidão 27
Mudando a consciência da nação 31
O caráter salva vidas 37
Desatando o nó górdio 41
O ingrediente que falta 45
Políticas absurdamente ruins 49

A LIBERDADE COMO UMA FILOSOFIA DE VIDA 53

Como você se vê 59
Como você vê os outros 63

ARTIGOS FUNDAMENTAIS   71

Por que princípios são importantes?   73
A liberdade venceu? Veja como saber   79
Ser adulto significa resistir ao impulso estatizante   87
É hora de nos livrarmos de rótulos   93
O amor pelo poder versus o poder do amor   99
Catão, o Jovem: ambição a serviço de princípios   105
Cícero: Inimigo do Estado, amigo da liberdade   111
Frédéric Bastiat: o contador de histórias da liberdade   119
Jesse Owens: "Caráter faz a diferença em situações limite"   127
Larry Cooper: nunca é tarde para ter caráter   133
Edmund Burke: eloquência e convicção   143
Nunca desista!   153

Sobre o autor   157

PREFÁCIO

ESTE PEQUENO LIVRO TRANSMITE UMA MENSAGEM *MUITO* importante: o caráter faz toda a diferença no mundo. Você é responsável por seu próprio caráter e pode exercer influência considerável sobre o caráter dos outros pelo seu exemplo. Se você tem consciência, isso deveria ter enorme importância para você. Se valoriza a liberdade, precisa entender que o caráter é um ingrediente indispensável — uma precondição necessária — para uma sociedade livre.

Vou além e ofereço um pensamento que detalhei em outros lugares e publicações: *nenhum povo que perdeu seu caráter manteve suas liberdades*. Essa pode ser a lição mais importante dos últimos cinco mil anos de história humana.

Em minhas visitas a países comunistas antes do colapso da URSS, testemunhei o poder do caráter fazer ruir lentamente um sistema maligno. Na Polônia, em 1986, encontrei secretamente um casal muito corajoso, Zbigniew e Sofia Romaszewski. Eles tinham sido libertados havia pouco tempo da prisão por terem administrado uma estação ilegal de rádio que transmitia uma mensagem de liberdade para a Polônia.

"Como vocês sabiam se as pessoas estavam ouvindo?", perguntei. Sofia respondeu: "Só conseguíamos transmitir de oito a dez minutos por vez antes de trocarmos de local, prevendo a chegada da polícia. Certa noite, pedimos às pessoas que piscassem as luzes de suas casas se acreditavam na liberdade. Então, fomos à janela e, por horas, milhares de luzes piscaram em Varsóvia". Em 1989, a Cortina de Ferro caiu na Polônia e em toda a Europa Oriental, em grande parte devido a esses heróis de caráter. Eles nunca desistiram de lutar pelo que sabiam estar certo.

Essa história inspirou o ambicioso *Blinking Lights Project* [Projeto Luzes Piscantes], lançado pela Foundation for Economic Education (FEE) na primavera de 2013. Ele busca inspirar e educar jovens nos princípios do caráter, da liberdade e do empreendedorismo — mostrando como esses três elementos, críticos para uma sociedade livre, estão intimamente ligados. O caráter vem em primeiro lugar e torna a liberdade possível, e um dos chamados mais nobres de um adulto responsável em uma sociedade livre é ser um empreendedor honesto que gera valor, emprega pessoas e resolve problemas.

Este livro é um dos materiais desse projeto; outro é a ampla distribuição do filme *Jornada pela liberdade*, de 2006. Nos próximos anos, o projeto também promoverá seminários e outras publicações focados em temas como caráter, liberdade e empreendedorismo. Esperamos que você se junte a nós nessa empreitada ao participar de um seminário, patrocinar um estudante ou distribuir nossos materiais — incluindo cópias desse livro.

William Ewart Gladstone, ex-primeiro-ministro da Inglaterra, certa vez disse: "Ansiamos pelo dia em que o poder do amor substituirá o amor pelo poder. Só então o mundo conhecerá as bênçãos da paz". Essas palavras constituem tanto um alerta quanto uma promessa. Em essência, Gladstone estava pedindo que fôssemos pessoas de caráter. Teremos nós a coragem e a sabedoria para colocar o caráter no topo de nossa lista de prioridades? Eu temo as consequências caso a resposta seja "não".

— LAWRENCE W. REED,
presidente da *Foundation for Economic Education*
Newnan, Geórgia, Julho de 2013

Liberdade e caráter: a conexão indispensável

Esta é uma versão ampliada de um discurso de formatura proferido em 2006 no Thomas Jefferson Independent Day School, em Joplin, Missouri, e em 2007, na Brookfield Academy, em Brookfield, Wisconsin. Desde então, o sr. Reed compartilhou versões desta mensagem com milhares de pessoas ao redor do mundo.

EM 1987, OCORREU UM FATO NOTÁVEL NA PEQUENA cidade de Conyers, Geórgia. Quando os diretores da escola da cidade descobriram que um dos jogadores de basquete de sua equipe, que tinha jogado apenas 45 segundos no primeiro dos cinco jogos das finais, estava academicamente impedido, resolveram devolver o troféu do campeonato estadual que seus adorados Rockdale Bulldogs tinham conquistado algumas semanas antes. Se tivessem permanecido calados, provavelmente ninguém jamais saberia da infração, e eles teriam mantido o troféu.

Para seu próprio reconhecimento eterno, a equipe e a cidade, embora tristes, apoiaram a decisão da escola. O treinador Cleveland Stroud disse: "Não sabíamos, na época, que ele estava impedido de jogar [...], mas temos de fazer o que é correto e honesto, o que está de acordo com as regras.

Eu disse à minha equipe que as pessoas esquecem os resultados dos jogos, *mas nunca esquecem o seu caráter*".

Para a maioria, não importava que o título tivesse sido perdido. O técnico e a equipe ainda eram os campeões — e em mais de um sentido. Sob circunstâncias similares, *você* encontraria a coragem de fazer o mesmo?

Discursos de formatura tanto em colégios como em faculdades são cheios de louvores e chavões que se reduzem a um clichê: "Vocês são o futuro". Bem, esse é um ponto importante, porém autoevidente, não acham? Então, não direi de dez formas diferentes como o futuro é de vocês. Vocês já deveriam saber disso. Tenho uma mensagem diferente.

Quero falar com vocês sobre algo mais importante do que todas as boas notas que obtiveram, mais importante do que todos os diplomas de ensino médio e superior que virão a acumular, e, de fato, mais importante do que todo o conhecimento que absorverão na vida. É algo sobre o qual todo adulto pensante e responsável tem *total* controle pessoal, mas, mesmo assim, todo ano, milhões de pessoas o sacrificam por muito pouco. Esse elemento não apenas definirá e moldará o seu futuro, mas também proverá um abrigo sólido para ele. É por ele que o mundo se lembrará de você, mais do que por qualquer outra coisa: não é por sua aparência, por seus talentos, por sua etnia, nem mesmo por qualquer coisa que você venha a dizer. O que é esse elemento incrivelmente poderoso do qual estou falando? Em uma palavra, o *caráter*.

Vocês precisam saber que o caráter é indispensável para uma carreira de sucesso, para uma vida feliz e para uma consciência tranquila. Sem ele, *vocês não irão a lugar nenhum*. Recomendo que foquem nisso; se o fizerem, ficarão surpresos como a maioria, se não todos os outros elementos de uma carreira de sucesso, por fim, se encaixará. Em diversas ocasiões, ele mais do que compensará erros e limitações em outras áreas.

Sob a perspectiva de um empregador, Warren Buffett salienta: "No processo de contratação, três qualidades são essenciais: integridade, inteligência e energia. Mas a mais importante delas é a integridade [um sinônimo para caráter], pois se o profissional não a possuir, as outras duas — inteligência e energia — vão acabar com ele".

Caráter é o que o treinador e os jogadores em Conyers, Geórgia, possuíam. E que exemplo deram! Muitos de nós continuarão a contar essa história por muitos e muitos anos. Pessoas com caráter servem de modelo e acabam pressionando os outros a se esforçarem para imitá-las.

Um homem pobre, porém honesto

Aqui segue outro exemplo de minha experiência pessoal: em minhas viagens a mais de 81 países ao redor do mundo, testemunhei diversos exemplos notáveis de caráter pessoal (bem como de total falta dele), mas este é um dos melhores.

EM 1989, VISITEI O CAMBOJA COM MEU AMIGO, O DR. Haing S. Ngor (que venceu o Oscar por seu papel no filme *Os gritos do silêncio*). Nos dias que antecederam a viagem, houve considerável interesse da mídia local porque eu estava arrecadando suprimentos médicos para doar ao hospital da capital Phnom Penh. Uma mulher de uma igreja local que viu as manchetes me ligou e explicou que, alguns anos antes, sua igreja tinha ajudado famílias cambojanas que tinham fugido dos comunistas do Khmer Vermelho a se realocarem na cidade onde eu vivia na época — Midland, Michigan. Essas famílias tinham se mudado depois para outras cidades nos Estados Unidos, mas mantinham contato com a mulher que me ligou e com outros amigos que ali tinham feito.

A mulher — Sharon Hartlein é seu nome — disse que havia comentado a seus amigos cambojanos sobre minha visita iminente. Cada família perguntou se eu poderia levar cartas com dinheiro para seus parentes no Camboja. Eu disse que "sim".

Duas das famílias viviam em Phnom Penh e foi fácil encontrá-las; a terceira, porém, vivia a muitos quilômetros de lá, em Battambang. Ir até lá teria envolvido uma viagem de trem, algum risco pessoal e muito tempo que eu não dispunha. Fui aconselhado, de qualquer forma, a não regressar com o dinheiro. Se eu não pudesse localizar alguma das famílias, pediram-me para doar o dinheiro a qualquer cambojano necessitado que eu encontrasse (e eles estavam *por todos os lados!*).

Um dia antes de voltar para casa, percebendo que não conseguiria ir a Battambang, eu me aproximei de um homem com roupas esfarrapadas que tinha visto diversas vezes no saguão do hotel. Ele sempre sorria e dizia "olá", e falava inglês suficiente para mantermos um diálogo simples. Ele, como a maioria dos cambojanos na época, estava praticamente falido. É claro que seu plano de aposentadoria nunca foi o tema de nossas conversas.

"Eu tenho um envelope que contém uma carta e US$ 200 dólares, endereçado a uma família que vive em Battambang. Você acha que conseguiria entregá-la?", perguntei. "Se conseguir, quero que fique com US$ 50 para cobrir seus gastos, e entregue o restante para a família em questão." Ele consentiu, e nós nos despedimos. Assumi que nunca mais ouviria falar dele ou do dinheiro.

Muitos meses depois, recebi uma ligação de Sharon, e ela estava empolgada. Ela disse que tinha acabado de receber uma carta dos cambojanos da Virgínia que tinham endereçado o envelope à família de Battambang. Quando ela a leu no telefone, não tive como segurar as lágrimas. A carta dizia: "Obrigado pelos *US$ 200 dólares*!".

Aquele pobre homem conseguiu ir até Battambang, e não só não ficou com os US$ 50 dólares que eu tinha oferecido, como também conseguiu pagar os US$ 10 dólares da passagem de trem. Isso é *caráter*! Creio sinceramente que confiaria a minha vida a ele, mesmo sem o conhecer e nem saber seu endereço.

Para que fique claro o que é caráter, darei um exemplo de falta dele. Infelizmente, existem muitos exemplos de falta de caráter nos dias de hoje.

Em 1995, alunos da equipe de conhecimentos gerais da Steinmetz High School, em Chicago, viraram manchete nacional quando foi descoberto que tinham trapaceado para vencer uma competição acadêmica estadual. Com a ajuda de seu professor, eles memorizaram com antecedência as respostas de uma cópia roubada de um teste. Talvez pior do que a trapaça inicial tenha sido a atitude dos mesmos alunos cinco anos depois, expressada por um deles no *The New York Times*: "Pedir desculpas pelo quê? Eu faria tudo de novo".

Que contraste com os valores expostos na história de Conyers — ainda mais com a do Camboja! Ninguém diria que o professor ou os alunos de Chicago demonstraram caráter no sentido positivo que utilizo aqui. Suponha, por um momento, que os alunos de Chicago nunca tivessem sido pegos. Sabendo tudo que lhes contei nessas histórias verídicas, com que grupo de alunos vocês gostariam de se parecer — com o grupo de Conyers, que renunciou a um troféu, ou com o de Chicago, que trapaceou para vencer? Caso a resposta seja "Conyers", então, vocês têm consciência. Vocês têm caráter de sobra. E, além disso, aprenderam algo de valor inestimável: ser capaz de olhar para trás em sua vida e saber que vocês tentaram, em todas as circunstâncias, fazer a coisa certa.

Eu amo as palavras do apóstolo Paulo na prisão, pouco antes de ser martirizado. Elas foram registradas na Bíblia como II Timóteo 4:7: "Eu lutei a boa luta, completei a corrida, e mantive a fé". Ele teve caráter, mesmo em meio à extrema adversidade. Se ele o tivesse sacrificado pelo ganho egoísta de curto prazo, todas as suas boas ações e palavras dificilmente teriam o peso que têm hoje, quase vinte séculos depois.

De onde vem o caráter?

UMA FALHA DE CARÁTER APARECE TODA VEZ QUE alguém sabe a coisa certa a fazer, mas não a defende nem a põe em prática, posto que tal ação pode gerar um pouco de desconforto ou incômodo. De 1987 a 2008, fui presidente do Mackinac Center for Public Policy [Centro Mackinac para Políticas Públicas], em Michigan. Esse trabalho me colocava em contato frequente com legisladores, congressistas e candidatos a cargos públicos. Muitas vezes ouvi coisas do tipo: "Sei que você está certo, mas não posso me manifestar ou votar dessa forma, pois não seria reeleito".

Você pode censurar um político por esse comportamento, mas não esqueça os eleitores que o puseram lá. Identifico falta de caráter toda vez que vejo pessoas pressionando o governo para lhes dar algo à custa dos outros, algo que, sabem em seu âmago, deveria advir de seu próprio mérito e esforço. Identifico-o toda vez que os eleitores premiam um candidato corrupto com louros e reeleição. Efetivamente comprados com o dinheiro dos outros, esses eleitores comprometem sua integridade e independência em troca de ajuda, subsídio ou privilégio especial.

Talvez, a pergunta devesse ser: "De onde vem o caráter?", ou, de forma ligeiramente diferente, "Por que, quando se fala de caráter, todos parecem saber do que estão falando?". Teólogos e filósofos podem tratar disso muito melhor do que eu, mas, mesmo assim, direi: há alguma coisa na forma como os humanos são programados. Bem lá no fundo de nosso ser, temos um senso moral de certo e errado, de bem e mal. Quando ignoramos nossa programação, algo dentro de nós — aquela voz que chamamos de "consciência" — manifesta-se. Em situações complexas, pode ser difícil discerni-la, e podemos até mesmo aprender a silenciá-la, mas não podemos realmente negar sua existência. É simplesmente a experiência humana. Podemos debater sua origem, mas ela *existe*.

Quando uma pessoa rejeita sua consciência e deixa de fazer o que sabe ser o correto, ela subtrai de seu caráter. Quando foge das responsabilidades, sucumbe à tentação, impõe seus problemas aos outros ou falha em exercitar sua autodisciplina, ela subtrai de seu caráter. Quando tenta reformar o mundo sem, primeiro, reformar a si própria, ela subtrai de seu caráter.

O caráter de uma pessoa é nada mais, nada menos que a soma de suas escolhas. Você não pode escolher sua altura, sua etnia ou muitos outros traços físicos, mas pode ajustar seu caráter toda vez que decide pelo certo e não pelo errado, e o que pessoalmente fará a respeito disso. Seu caráter é definido com mais precisão por como você escolhe interagir com os outros e qual padrão de discurso e conduta que pratica. O caráter é normalmente citado como uma qualidade-chave da liderança. Penso que caráter e liderança sejam uma única coisa. Se você tem caráter, outros o verão como líder — não no sentido de que estão ansiosos para servi-lo, mas no sentido de que você é alguém que eles admiram e desejam livremente imitar.

Devastado por conflitos, corrupção e tirania, o mundo está ávido por pessoas de caráter. De fato, é disso que o destino da liberdade individual sempre dependeu. Uma sociedade livre floresce quando as pessoas buscam ser modelos de honra, honestidade e decência, independentemente do custo em termos de riqueza material, *status* social ou popularidade. Ela recai em barbarismo quando abandona o que é certo em favor de autogratificação à custa dos outros; quando mentir, trapacear ou roubar são atos louvados, em vez de combatidos. Se você deseja ser livre e viver em uma sociedade livre, deve conceder prioridade máxima a elevar o nível de seu caráter, aprendendo com aqueles que já o têm em abundância. *Se você não se governa, você será governado.*

Ter caráter significa que não existem questões "menores" que não mereçam ser tratadas da forma correta. Já foi dito que o seu caráter é definido pelo que você faz quando ninguém está olhando. Pegar atalhos porque "não importa muito" ou "ninguém está olhando" tira pontos do seu caráter e pode facilmente se tornar um caminho perigoso. "Quem é fiel no pouco", aprendemos em Lucas 16:10, "também é fiel no muito." Essa mensagem aparece nos ensinamentos de muitas religiões. Mesmo os ateus deveriam ver a sabedoria contida nessa passagem.

Dentre os principais elementos que definem um caráter forte estão: honestidade, humildade, paciência, responsabilidade, autodisciplina, autoconfiança, otimismo, coragem, foco no longo prazo e paixão por aprender. Quem em sã consciência gostaria de viver num mundo desprovido dessas coisas?

Pessoas desonestas mentem e trapaceiam e tendem só a piorar quando eleitas. Pessoas sem humildade se tornam planejadores centrais arrogantes, condescendentes e "sabe-tudo". Cidadãos irresponsáveis culpam os outros pelas consequências de seu próprio mau julgamento. Pessoas que não exercitam a autodisciplina permitem o controle intrusivo dos outros. Pessoas que evitam a autoconfiança são facilmente manipuladas por aqueles de quem são dependentes. Pessimistas desconsideram o que os indivíduos podem conseguir se forem livres para tentar. Pessoas tímidas permitem que seus direitos sejam esmagados. Cidadãos míopes hipotecam seu futuro em troca de uma "solução" de curto prazo. Pessoas teimosas e de mente fechada não aprendem com as lições da história e da ação humana.

Desde que Samuel Smiles escreveu seu influente *Ajude-se* em 1859, foram publicados centenas de livros na mesma categoria. Autores do século xx, como Dale Carnegie (*Como fazer amigos e influenciar pessoas*), John Maxwell (*As 21 qualidades indispensáveis de um líder*) e Stephen Covey (*Os 7 hábitos de pessoas altamente eficazes*), venderam milhões de cópias de suas obras, todas focadas em inspirar pessoas a melhorar sua atitude, sua ética de trabalho ou seu caráter pessoal. Isso deixa claro que tem havido muito interesse em, pelo menos, ler sobre autoajuda, mesmo que não a apliquemos na prática.

A importância da gratidão

UM TRAÇO DE CARÁTER MUITO IMPORTANTE, PORÉM frequentemente negligenciado, é a gratidão. Recentemente, comprei um exemplar usado do livro *Agradeça e seja feliz!*, escrito pelo Dr. Robert A. Emmons. Ele é professor da Universidade da Califórnia e editor-chefe do *Journal of Positive Psychology*. À primeira vista, pensei que folhearia algumas páginas, selecionaria alguns trechos como citação e, então, o colocaria na estante com todos os outros livros de autoajuda que estão pegando poeira em meu porão. Mas não foi assim: ele chamou minha atenção desde a primeira página, e não consegui largá-lo antes de chegar à última.

Essa obra não é apenas uma compilação prazerosa de generalidades e frases de efeito. Ela é baseada nas conclusões das últimas pesquisas científicas. Com uma linguagem acessível para leigos, Emmons revela as últimas conclusões sobre um sentimento antes pouco examinado, a "gratidão". Como definida por Emmons, gratidão é o reconhecimento que um indivíduo faz de tudo o que há de bom em sua vida, e o reconhecimento de que a fonte dessa bondade reside, pelo menos em parte, fora de seu próprio ser.

Após anos de estudo, Emmons e seus colegas mostram que "pessoas gratas experimentam níveis mais elevados de emoções positivas como alegria, entusiasmo, amor, felicidade e otimismo, e que a prática da gratidão como princípio as protege dos impulsos destrutivos da inveja, ressentimento, ganância e amargura".

Uma atitude agradecida não apenas enriquece a vida, mas também a promove, estimula, motiva e transforma. A ciência em torno da gratidão prova que ela é um elemento indispensável para a felicidade (quanto mais gratidão você reunir, mais feliz você será), e a felicidade, por sua vez, agrega nove anos à expectativa de vida. Pense nisso: você já notou que pessoas de péssimo caráter raramente são gratas por alguma coisa?

Gratidão não é apenas um "obrigado" automático e irrefletido. É muito mais do que um sentimento caridoso e confuso, e não é automático. Na verdade, algumas pessoas raramente o sentem ou expressam. Mesmo que você se considere uma pessoa grata, há grandes chances de que possa desenvolver uma atitude ainda mais grata, tarefa essa cujas amplas recompensas mais do que compensam os desafios morais e intelectuais.

Emmons cita muitas provas de sua tese, mas a maioria dos leitores concluirá que o sétimo e último capítulo, com cerca de 24 páginas, é o mais útil. Nele o autor cita os dez passos (exercícios, na verdade) para cultivar essa emoção de importância fundamental. Se eu tivesse espaço para citá-los aqui, é provável que você não leria o livro. Então, se procura um livro de autoajuda sério, escolha esse. Garanto que você será grato por essa recomendação.

Acredito piamente que um bom exemplo é a melhor forma de ensinar. Essa é uma visão que compartilho com meu amigo Mark Hyatt, cujo influente *Character and Education Project* [Projeto caráter e educação] trabalha com escolas para destacar esse ponto. Tendemos a aprender e lembrar histórias, principalmente histórias de pessoas reais. Então, para enfatizar a importância do caráter, desejo ressaltar alguns exemplos.

Cito como exemplo o filme *A luta pela esperança*, lançado em 2005. O filme é uma obra de arte do início ao fim, mas a cena que mais me tocou foi a que o boxeador James Braddock (Russell Crowe) descobre que seu filho mais jovem roubou uma linguiça. A família está faminta e desamparada, no auge da Grande Depressão. O garoto teme passar pelo mesmo que um de seus amigos, obrigado a viver com parentes que pudessem alimentá-lo porque seus pais não podiam prover comida para todos. Braddock não hesita nem por um segundo: leva o garoto imediatamente à loja para devolver a linguiça e pedir desculpas ao açougueiro. Então, ele ensina uma lição ao filho:

"Existem muitas pessoas em situação pior do que a nossa. Só porque as coisas estão difíceis, você não tem o direito de pegar o que não é seu, tem? Isso é roubar, entende? Nós não roubamos. Não importa o que aconteça, nós não roubamos. Nunca. Ficou claro?"

Seu filho responde, "Sim", mas Braddock o pressiona duas vezes mais, perguntando: "Você me dá a sua palavra?".

"Dou."
"De verdade?"
"Eu prometo."

O caráter de Braddock atinge novos patamares quando ele faz o que nenhum beneficiário da assistência social jamais foi solicitado a fazer e que, talvez, nunca tenha sido feito: ele devolve o dinheiro dos contribuintes. Isso sim é caráter! E ele certamente sabia como encorajar, com palavras e ações, tais qualidades em seu filho.

Hoje em dia, Hollywood lança poucos filmes que transmitem caráter. Em 2005, todavia, foi lançado outro filme que incluo entre os melhores de todos os tempos. O filme *O melhor jogo da história*, a verdadeira história do filho de um imigrante, Francis Ouimet, que venceu o torneio de golfe U.S. Open em 1913, aos vinte anos. Compre ou alugue, e assista-o como um estudo sobre o caráter. Tanto o personagem principal, Francis, como o protagonista secundário, Harry Vardon, exalam caráter por todos os poros. Dentre os traços que eles tão maravilhosamente exibem, estão profissionalismo, perseverança, integridade, conduta desportiva, lealdade e honra. Assista ao filme e você terminará sentindo uma admiração infinita por Francis e Harry; mas não tanto por suas habilidades incríveis no golfe quanto por seu caráter de ouro.

Ao longo da história, as pessoas que mais admiramos e lembramos são aquelas que vivenciaram seu caráter vinte e quatro horas por dia, sem nunca o comprometer. Elas não são como aquele personagem fictício encenado pelo grande comediante Groucho Marx, que disse: "Esses são meus princípios! Se você não gosta deles, bem, *eu tenho outros*".

Mudando a consciência da nação

CONSIDERE WILLIAM WILBERFORCE, O CIDADÃO DE Yorkshire que, mais do que qualquer outro indivíduo, foi o responsável por acabar com a escravidão em todo o Império Britânico. Sua história foi recentemente contada em uma bela biografia escrita por Eric Metaxas intitulada *Jornada pela liberdade*, e num lindo filme homônimo de 2006 (recomendo muitíssimo ambos).

Nascido em 1759, Wilberforce nunca teve a imponência física que alguém gostaria de ter em uma briga. Boswell o chamava de "camarão". Magro e baixo, Wilberforce compensava tal biótipo com uma visão poderosa, uma eloquência fascinante e uma vontade indômita.

Eleito ao Parlamento em 1780, aos vinte e um anos, Wilberforce se pronunciou inequivocamente contra a guerra na América, rotulando-a de "cruel, sangrenta e inviável". Mas ele pulou de questão em questão sem um foco central até que sua conversão ao cristianismo despertasse o que seria o seu chamado. Em outubro de 1787, revoltado com a terrível barbárie do comércio de escravos então prevalente no mundo, ele se propôs a trabalhar pela abolição.

O abolicionismo era um tema polêmico no final do século XVIII. Amplamente considerado, na época, como fundamental para o sucesso naval e comercial britânico, o comércio de escravos era um grande negócio. Ele desfrutava de amplo apoio político, bem como de generalizada (apesar de racista) justificação intelectual. Nos setenta e cinco anos antes de Wilberforce se dedicar à abolição do comércio de escravos e da escravidão em si, o Reino Unido detinha o direito exclusivo de fornecer africanos capturados às colônias espanholas. O comércio era lucrativo para os traficantes de escravos ingleses, porém brutalmente impiedoso para milhões de vítimas.

Wilberforce trabalhou incansavelmente em sua causa, formando e auxiliando organizações na divulgação da desumanidade inerente ao fato de um homem ser dono de outro. "Nosso lema deve ser a perseverança", ele certa vez disse aos seus seguidores. E que modelo de perseverança ele foi! Ele superou praticamente todos os obstáculos imagináveis, incluindo saúde precária, desdém de seus colegas e muitas outras derrotas. De qualquer forma, ele manteve o padrão mais elevado de caráter, postura que serviu como um ímã para a sua causa.

Seu primeiro discurso a favor da abolição na Câmara dos Comuns ocorreu em 1789. Mal sabia ele que seriam necessários longos dezoito anos antes da abolição oficial do comércio de escravos. Ano após ano, ele propunha uma medida abolicionista, e ela não era apreciada. Pelo menos uma vez, alguns de seus aliados o abandonaram porque a oposição lhes deu ingressos para assistir a espetáculos de teatro durante uma votação crucial. A guerra contra a França, iniciada na década de 1790, frequentemente colocava a questão da escravidão em segundo plano. Uma sangrenta rebelião de escravos no Caribe pareceu dar munição ao outro lado. Wilberforce era frequentemente ridicularizado e acusado de ser um demagogo traidor. Ele tinha razões para temer pela própria vida.

Certa vez, em 1805, após mais uma derrota no Parlamento, Wilberforce foi aconselhado a desistir da pauta pelo secretário da Casa dos Comuns. Ele respondeu com o ar de eterno otimismo que caracterizava sua posição nessa questão: "Eu espero vencer". De fato, o que outrora parecia um sonho impossível se tornou realidade em 1807. A abolição do comércio de escravos obteve aprovação majoritária no Parlamento. O biógrafo David J. Vaughan relata que "enquanto o procurador-geral, Sir Samuel Romilly, levantou-se e elogiou a perseverança de Wilberforce, a Casa ficou de pé e explodiu em aplausos. Wilberforce ficou tão comovido que não conseguiu segurar as lágrimas". O "camarão" de Boswell tinha se tornado uma baleia.

O comércio de escravos estava oficialmente abolido, mas o fim da escravidão era o prêmio final. Para torná-lo realidade, Wilberforce trabalhou mais vinte e seis anos, mesmo após vinte e cinco anos de serviço parlamentar finalizados em 1825. E o grande dia finalmente chegou em 26 de julho de 1833, quando o Reino Unido declarou a emancipação pacífica (com compensação aos donos de escravos) e se tornou a primeira nação do mundo a retirar os grilhões de toda uma raça dentro de seu território. Aclamado como o herói que tornou isso possível, Wilberforce faleceu três dias depois. Ele e seus aliados tinham mudado a consciência de uma nação.

As lições da vida de Wilberforce se resumem a isto: um objetivo nobre deveria sempre inspirar. Não permita que nenhum revés o prejudique. Mantenha um otimismo digno da própria causa, e faça todo o possível dentro do seu caráter para atrair outras pessoas para ela.

Anne Frank pode muito bem ter sido a autora de quinze anos mais famosa do século xx. Ela escreveu um diário enquanto se escondia dos nazistas durante a ocupação alemã da Holanda, na Segunda Guerra Mundial. "Que maravilha é", escreveu, "ninguém precisar esperar um único momento para melhorar o mundo."

Imagine. Viver cada dia durante dois anos amontoada em cômodos escondidos de um escritório, sabendo que, a qualquer momento, poderia ser descoberta e levada à força para a morte quase certa num campo de concentração. Entrando na adolescência, ela conseguiu escrever todas aquelas palavras inspiradoras antes que sua família e ela fossem descobertas em agosto de 1944. Eles foram enviados para o campo de Bergen-Belsen, onde Anne faleceu em março de 1945, três meses antes de completar dezesseis anos.

Como pode uma jovem ver tanta luz num mundo tão sombrio a ponto de encontrar em si tanta esperança e otimismo em meio ao horror? Que lição! Que poder! Que caráter! Essa tem sido a magia de Anne Frank pelos últimos setenta anos.

A mensagem de Anne Frank será lembrada por muitas décadas e, com sorte, para sempre. Ela nos lembra de que, independentemente das circunstâncias, podemos fazer a diferença. Nossa atitude (que é, em grande medida, uma função de nosso caráter) determina nossa altitude moral. Se pretende tornar o mundo melhor, comece melhorando a si próprio; é a única coisa sobre a qual você tem algum controle em praticamente qualquer situação.

O caráter salva vidas

DAQUELA MESMA ÉPOCA VEM A HISTÓRIA DE NICHOLAS Winton*. Enquanto escrevo (primavera de 2013), ele está vivo e forte aos cento e quatro anos. Ele é um amigo pessoal que vive nos arredores de Londres.

Winton era um jovem corretor da Bolsa de Londres quando a sombra da guerra se aproximava da Europa entre 1938-1939. Um amigo o convenceu a trocar férias de Natal na Suíça por uma viagem à Checoslováquia. Perto de Praga, em dezembro de 1938, ele ficou chocado ao ver refugiados judeus congelando em acampamentos improvisados. A maioria tinha sido expulsa de suas casas pela ocupação nazista de Sudetenland, a parte da Checoslováquia entregue a Hitler em Munique, em setembro do ano anterior.

---

* Nicholas Winton faleceu em julho de 2015.

Winton poderia ter retomado suas férias na Suíça, voltando à vida confortável que tinha deixado para trás. O que um único estrangeiro poderia fazer para ajudar tantas famílias? Apesar da retórica de "paz em nosso tempo", Winton sabia que a Europa caminhava para a guerra e que o tempo de vida daquelas famílias desesperadas estava acabando. Seus próximos passos culminaram na salvação de 669 crianças da morte nos campos de concentração nazistas.

Os pais estavam ansiosos para enviar seus filhos para um lugar seguro, mesmo que isso significasse enviá-las sozinhas. Levar as crianças para um país que as aceitasse parecia um desafio impossível. Winton não perdeu tempo. Contatou governos ao redor do mundo, implorando por sua compreensão, mas foi rejeitado por todos, exceto dois: Suécia e a sua própria Grã-Bretanha. Ele reuniu um pequeno grupo de voluntários para ajudá-lo nessa empreitada. Até mesmo a sua mãe participou.

Com cinco mil crianças em sua lista, Winton procurou lares adotivos em todo o Reino Unido. Os jornais ingleses publicaram seus anúncios, ressaltando a necessidade urgente de pais adotivos. Quando um número suficiente de lares era encontrado para determinado grupo de crianças, ele enviava a documentação para o Ministério do Interior e ajudava sua equipe de voluntários na organização do transporte ferroviário e/ou marítimo das crianças para a Inglaterra. Ele assumiu o comando da captação de fundos para pagar a operação.

As vinte primeiras "crianças de Winton" deixaram Praga em 14 de março de 1939. As tropas de Hitler tomaram a

Checoslováquia no dia seguinte, mas a equipe de Winton continuou trabalhando, às vezes até forjando documentos para enganar os alemães. Quando a Segunda Guerra Mundial foi deflagrada, em 1º de setembro, o esforço de resgate já tinha retirado 669 crianças do país por ferrovias, divididas em oito grupos separados. A última remessa de 250 crianças teria sido a maior de todas, porém a guerra forçou os nazistas a proibirem todas as partidas. Infelizmente, nenhuma dessas crianças viveu para ver a vitória dos Aliados menos de seis anos depois. Lamentavelmente, poucos de seus pais também.

Por que Nicholas Winton encarou um desafio ignorado por quase todo mundo? Em 2006, eu lhe fiz essa mesma pergunta em sua casa em Maidenhead, Inglaterra. "Pois era o correto a se fazer, e pensei que poderia ajudar", disse ele. Hoje, as "crianças de Winton", somadas a seus filhos e netos, totalizam mais de seis mil pessoas.

O exemplo de Winton ilustra que o caráter não só *enriquece* vidas, mas também as *salva*.

George Washington foi um dos melhores presidentes dos Estados Unidos porque sempre soube que manter o padrão de caráter mais elevado em todos os aspectos de sua vida, pública e privada, era fundamental para colocar a nova nação no rumo certo. Um homem com menos caráter poderia não ter nos guiado por um período tão crítico de nossa história, ou ter nos colocado num rumo diferente e mais perigoso. Ele atraiu atônita admiração do mundo quando deixou passar a oportunidade de tomar o poder para si próprio, confiando, em vez disso, na decisão de um povo livre e virtuoso.

Washington entendeu a relação entre caráter e liberdade. Ouça-o falar à nação em seu Discurso de Despedida de 1796:

> É verdade inegável que a virtude e a moralidade são elementos essenciais para um governo popular. Com efeito, o poder estende-se, com maior ou menor força, em cada tipo de governo livre. Quem é um amigo sincero do governo livre pode olhar com indiferença para as tentativas de abalar suas bases?

Washington não estava sozinho nessa postura. James Madison, outro gigante da liberdade na época, escreveu em 1788: "Supor que alguma forma de governo garantirá a liberdade ou a felicidade para um povo sem virtude é uma ideia quimérica".

Desatando o nó górdio[*]

AS PALAVRAS DE SABEDORIA DE THOMAS JEFFERSON na questão do caráter merecem nossa máxima atenção:

> Renuncie ao dinheiro, à fama, à ciência, à Terra em si e tudo nela contido, em vez de cometer um ato imoral. E nunca suponha que, em qualquer situação ou sob qualquer circunstância, seja melhor fazer algo desonesto, não importando o quão simples ele possa lhe parecer. Sempre que fizer alguma coisa, mesmo que só você saiba, pergunte-se como você agiria se o mundo todo estivesse olhando e aja de acordo.
>
> Encoraje todas as ações virtuosas e as exercite sempre que surgir alguma oportunidade; assegure-se de que elas

[*] O nó górdio é uma lenda que envolve o rei da Frígia e Alexandre, o Grande. É comumente usada como metáfora de um problema insolúvel resolvido facilmente por "pensar fora da caixa".

se fortalecerão pela repetição, da mesma forma que ocorre com um músculo, e que tal exercício se converta em hábito. Da prática da virtude mais pura você certamente derivará os prazeres mais sublimes em todos os momentos da vida, bem como na hora da morte. Se você alguma vez se vir cercado por circunstâncias difíceis e desconcertantes, das quais é difícil desenredar-se, faça o que é certo e fique tranquilo de que tal comportamento é a melhor escolha para livrá-lo das piores situações.

Embora, ao dar um passo, você não possa ver qual será o próximo, siga a verdade, a justiça e a lisura nas relações e nunca duvide de que elas o ajudarão a sair dos labirintos da maneira mais fácil. O nó que você pensou ser górdio se desatará sozinho em sua frente. Nada é tão errado como a suposição de que uma pessoa deva se livrar das dificuldades através da intriga, da artimanha, da dissimulação, do disfarce, da mentira ou da injustiça. Isso piora em dez vezes a dificuldade; e aqueles que perseguem esses métodos acabam por envolver-se totalmente, não conseguindo esconder sua infâmia antes de ela ser exposta.

O que foi proposto pelos fundadores da nação é a ideia de que a liberdade é construída por meio da habilidade de uma sociedade se autogovernar sem a necessidade da intervenção governamental. Essa habilidade de autogoverno é, em si, edificada — sim, isso mesmo — sobre a base sólida do *caráter individual*.

Eis aqui um nome do qual você pode não ter ouvido falar: Fanny Crosby. Ela detém o recorde por ter escrito o maior número de hinos sacros na história — pelo menos, oito mil — incluindo o popular *Blessed Assurance* [Bendita segurança]. Ela faleceu em 1915, aos noventa e cinco anos, e foi a primeira mulher em nossa história a discursar frente ao Congresso dos Estados Unidos. Ela encontrou pessoalmente ou conheceu todos os presidentes dos Estados Unidos, de John Quincy Adams a Woodrow Wilson, fato praticamente único na história de nosso país. E adivinhe?

Em seus noventa e cinco anos de vida, ela não teve qualquer lembrança de ter *visto* alguma coisa. Fanny ficou cega aos seis meses, resultado de um tratamento equivocado para uma infecção ocular. Ela falava frequentemente e em vários lugares da importância do brilho do caráter de uma pessoa para superar todos os obstáculos e dificuldades. Muitos que a conheceram consideravam-na um símbolo de grande inspiração.

Ao citar muitas pessoas do passado, não estou sugerindo que não existam heróis de caráter em nossos tempos. De fato, eles estão ao nosso redor, embora eu tema, às vezes, que seus números estejam diminuindo. Entre os heróis de caráter atuais estão professores que ensinam a verdade e negam o politicamente correto; empresários que constroem empresas sem buscar favores especiais de amigos políticos; pais que passam tempo com seus filhos, criando-os corretamente num mundo com tantas influências negativas; e, com efeito, *qualquer pessoa* que tenta viver a vida sem comprometer sua integridade.

Nos últimos quarenta anos, escrevi milhares de artigos, ensaios e colunas sobre economia. Ensinei essa disciplina na universidade e palestrei sobre ela em diversos lugares. Nos últimos anos, o nexo causal entre a economia de uma sociedade livre e o caráter individual passou a integrar meus escritos, palestras e reflexões com ênfase renovada. Hoje, acredito que tal nexo é a questão central que devemos abordar caso queiramos que nossas liberdades e o livre mercado em si sejam restabelecidos e preservados.

Estudiosos e escritores que acreditam na sociedade livre destacam a necessidade de pesquisa em políticas públicas e educação econômica básica. Nos últimos trinta anos, *think tanks* [laboratórios de ideias] e novas mídias surgiram aos montes para oferecer ambos. Embora importantes, eles vêm se provando insuficientes para fazer frente a tendências que estão enfraquecendo nossas liberdades. Por quê?

O ingrediente que falta

DE CERTO MODO, A PESQUISA SOBRE POLÍTICAS PÚBLICAS (embora eu a apoie totalmente) é, em essência, o mesmo que fechar a porta do celeiro após os cavalos já terem fugido. Ela se foca em políticos e comentaristas da mídia em uma fase de suas vidas em que suas carreiras já estão consolidadas e seus interesses são mais a promoção pessoal do que a verdade e a liberdade.

A educação econômica certamente é necessária porque os jovens dificilmente a obtêm nas escolas. Mas mesmo se a educação econômica fosse consideravelmente melhorada, não seria a garantia de uma sociedade livre. Tal como a pesquisa em políticas públicas, ela pode ser invalidada por temas prejudiciais na cultura popular (filmes, religião, música, literatura e, até mesmo, esportes) e nos padrões de conduta praticados pelos adultos.

Mesmo entre os apoiadores mais ardentes de uma sociedade livre existem aqueles que "escorregam" quando discutem suas próprias conclusões. Um exemplo recente foi o do plantador de milho que me repreendeu por minha oposição aos subsídios do etanol.* Ele não entende economia básica? Eu o conheço há anos e creio que ele entenda. Mas tal entendimento desapareceu perante a atração corruptora de um subsídio. Seu amplo conhecimento de economia não foi suficiente para mantê-lo longe da fonte pública. Estamos perdendo o sentimento de vergonha que outrora acompanhava o ato do roubo, público ou privado.

O ingrediente que falta, aqui, é o caráter. Nos primeiros cem anos de história dos Estados Unidos, caráter não faltava. Mesmo sem a existência de *think tanks*, com pouca educação econômica e quase nenhuma pesquisa em políticas públicas, ele manteve nossas liberdades substancialmente intactas. As pessoas geralmente se opunham à expansão do poder governamental não porque liam estudos ou obtinham diplomas em economia, mas porque davam grande importância ao caráter. Usar o governo para obter algo à custa de alguém ou hipotecar o futuro em prol de ganhos de curto prazo parecia desonesto e cínico para elas, se não totalmente pecaminoso ou imoral.

Para mim, um dos argumentos mais fortes pela liberdade é o fato de ela ser o único arranjo social, político e econômico que exige caráter. Nenhuma outra invenção humana ou

---

* Nos Estados Unidos, o etanol é obtido majoritariamente a partir do milho, e não da cana-de-açúcar, como é o caso no Brasil. (N. E.)

centralmente planificada pode substituí-lo. Para um povo ser livre, deve viver pelos padrões mais elevados de caráter.

Dentro do governo, o caráter é o que diferencia um político comum de um estadista. Estadistas não buscam cargos públicos para ganho ou mídia pessoal. Com frequência, são pessoas que tiram um tempo de suas carreiras produtivas para servir temporariamente ao público. Eles não trabalham no governo por ser a única coisa que sabem fazer. Eles sustentam uma visão ancorada em princípios e não nas vontades abstratas dos cidadãos. Quando um estadista é eleito, ele não esquece os cidadãos de postura cívica que o elegeram, tornando-se porta-voz da burocracia permanente ou de algum interesse especial que financiou sua campanha.

Como buscam a verdade, é mais provável que os estadistas façam o que é certo, e não o politicamente popular no momento. Você conhece suas posições porque eles as expõem claramente, sem meias palavras. Eles não se engajam em lutas de classe, políticas raciais ou outras táticas partidárias que dividem as pessoas. Eles não compram votos com o dinheiro dos impostos. Eles não fazem promessas que não possam cumprir ou que pretendam quebrar. Eles assumem a responsabilidade por suas ações. Um estadista não tenta se promover à custa da difamação dos outros e muito menos tenta convencer as pessoas de que são vítimas, para posar como seu salvador.

Políticas absurdamente ruins

QUANDO SE FALA DA GESTÃO DE FINANÇAS PÚBLICAS, os estadistas estabelecem prioridades. Eles não se comportam como se o governo merecesse uma fatia cada vez maior do dinheiro das pessoas, mas têm a coragem de cortar despesas menos importantes, priorizando outras mais urgentes. Eles não tentam construir impérios: em vez disso, mantêm o governo dentro de seus limites constitucionais e confiam no poder de realização de pessoas livres e empreendedoras. Políticos acreditam ser espertos o suficiente para planejar a vida dos outros; os estadistas são sábios o bastante para entender que tais atitudes são totalmente arrogantes. Em outras palavras, estadistas têm um nível de caráter que um político comum não tem.

Nos últimos tempos, ouvimos falar muito sobre certas empresas serem "muito grandes para falir". Mas, para lidar com esse suposto problema, cedemos grandes partes de nossas vidas e da economia ao governo, que é realmente grande demais para triunfar. Colocamos o país no caminho da insolvência financeira. Pessoas de caráter não fazem isso. Tais políticas seriam impensáveis para um estadista genuíno.

De todo modo, os padrões que mantemos como cidadãos e esperamos daqueles que elegemos caíram drasticamente nos últimos anos. Embora todos reclamem de políticos que cedem, talvez eles o façam porque nós tenhamos cedido demais como povo. Muitos estão dispostos a fechar os olhos quando os políticos se comportam mal, desde que sejam do partido certo ou entreguem os benefícios que desejamos pessoalmente.

Nossa cultura da "celebridade" foca incessantemente no volátil e no irresponsável. Nossos "modelos" fariam nossos pais tremerem. Para muitos, insistir num caráter exemplar parece muito sério, reservado e obsoleto. É comum pegar atalhos e sacrificar o caráter em troca de poder, dinheiro, atenção ou outras gratificações efêmeras.

Mau-caratismo leva à má política e à má economia, o que é ruim para a liberdade. Em última instância, ser livre e viver em harmonia com as leis da natureza ou tropeçar no calabouço escuro da dependência e da tirania é mais uma questão de caráter do que de política ou economia. Sem caráter, uma sociedade livre não é apenas improvável — é impossível.

Em junho de 2003, meu grande amigo e parceiro de negócios Joe Overton faleceu em um acidente de avião aos quarenta e três anos. Ele me ensinou mais sobre a importância do caráter do que qualquer outra pessoa que conheci. Ele podia ensinar porque o vivia. Enquanto escrevia uma eulogia para o seu funeral, encontrei algumas palavras de que o mundo precisa. Eu nunca descobri o autor, portanto, não posso dar o crédito merecido; em todo caso, agreguei muito a essa passagem. Ela não descrevia apenas o que o mundo desesperadamente precisa, mas também descrevia perfeitamente o meu amigo Joe. Compartilho antes de fechar o artigo:

> O mundo precisa de mais pessoas que não têm um preço pelo qual possam ser compradas; que não tomam emprestado da integridade para pagar pela conveniência; que têm prioridades claras e ordenadas; cujo aperto de mão faz valer sua palavra; que não têm medo de assumir riscos para promover o que é certo; e que são igualmente honestas tanto nas pequenas como nas grandes coisas.
>
> O mundo precisa de mais pessoas cujas ambições são grandes o suficiente para incluir a todos: que sabem como vencer com elegância e perder com dignidade; que não acreditam que astúcia, esperteza e crueldade sejam chaves para o sucesso; que ainda cultivam amizades feitas vinte anos antes; que colocam princípio e consistência acima da política ou do avanço pessoal; e que não têm medo de ir contra a opinião popular.
>
> O mundo precisa de mais pessoas que não renunciem ao que é certo em troca de um consenso que lhes faça parecer populares; que saibam como é importante liderar dando o exemplo e não gritando ordens; que não nos obriguem a fazer algo que elas próprias não fariam; que trabalham para

transformar até mesmo as circunstâncias mais adversas em oportunidades de aprendizado e aperfeiçoamento; que respeitam a vida, as propriedades e os direitos de seus compatriotas; que amam mesmo aqueles que cometeram alguma injustiça ou deslealdade contra eles.

Em outras palavras, o mundo precisa de mais homens e mulheres de caráter.

Torne esse dia o início de um compromisso vitalício de construção de seu caráter. Seja o tipo de exemplo virtuoso que os outros irão respeitar, admirar, emular e lembrar. Pergunte-se todo dia: "Sou bom o bastante para a liberdade?". Se a resposta for "não", continue trabalhando. Você não só se aproximará da recompensa futura com um sorriso e uma consciência limpa, mas também melhorará muitas outras vidas no caminho. Como é possível se contentar com menos?

A liberdade como uma filosofia de vida

No ensaio anterior, desafiei meus leitores a se perguntarem: "Somos bons o bastante para a liberdade?". Neste ensaio, farei uma segunda pergunta, que é o outro lado da mesma valiosa moeda: acreditamos o bastante na liberdade para sermos bons? Em outras palavras, você trata as ideias da liberdade como mera desculpa para angariar votos e vencer discussões na internet? Ou você ama a liberdade o bastante para adotá-la como sua filosofia de vida? O futuro da liberdade passa pela resposta a essa pergunta, então, continue lendo!

O ILUSTRE FUNDADOR DA FEE, LEONARD E. READ, DIZIA com frequência que era dever de quem ama a liberdade introduzi-la a terceiros como uma "filosofia de vida". É uma frase que nós, na FEE, utilizamos até hoje, *todos os dias*. Podemos pregá-la com convicção porque a praticamos com paixão.

O que significa considerar a liberdade uma "filosofia de vida"? Primeiro, permita-me explicar o que essa frase *não* significa.

Se a liberdade é sua filosofia de vida, ela o é nos dias bons e ruins, pois suas virtudes fundamentais são independentes do que os outros pensam dela. Sua verdade repousa em seu mérito intrínseco e não em percepções mutáveis. Suas chances imediatas de sucesso podem oscilar, mas o seu compromisso com ela não deveria.

Você não aplica uma filosofia de vida a alguns aspectos de sua vida, mas não a outros, como fez o plantador de soja que certa vez me disse com voz séria: "Larry, sou a favor do livre mercado e pelo corte de subsídios a tudo, *menos à soja*".

Além disso, se suas táticas, discurso ou comportamento conflitam com os padrões mais elevados da liberdade — se está afastando as pessoas ao invés de atraí-las —, você está frustrando um dos principais propósitos de tê-la como sua filosofia de vida. Ela deve ser algo tão nobre e universal a ponto de você ter orgulho de vivê-la e ficar entusiasmado quando outros escolhem fazer o mesmo.

Uma filosofia de vida não é superficial nem passageira. Você não a adota por ela ser conveniente, estar na moda ou ser lucrativa. Ela é mais profunda, holística e duradoura do que isso. Ela deve ser baseada em ideais e condutas que sejam corretas, relevantes e edificantes. Ela deveria fazê-lo ser lembrado no futuro como uma pessoa cuja consistência e exemplo deram ao mundo um modelo que vale a pena ser emulado.

Se você fosse escolher um epitáfio para sua lápide, qual das duas listas você escolheria? Ou talvez a pergunta seja: qual delas melhor o descreve?

Lista A:

"Ele dizia isso, mas era da boca para fora."
"Ninguém nunca soube o que ela defendia."
"Deixou o mundo como se nunca tivesse estado nele."
"Não conseguia ver além de seu próprio nariz."
"Prejudicava mais do que ajudava."
"Honesta e motivadora, exceto quando os outros não estavam olhando."

Lista B:
"Ele promoveu princípios sólidos."
"Ela era transparente, sem nenhuma pretensão ou prevaricação."
"Dedicada a todas as coisas certas, em palavra e obras."
"Amava a vida e a liberdade, e outros o amaram por isso."
"Ela estabeleceu padrões aos quais toda pessoa decente aspira."
"A Regra de Ouro resumia sua vida."

Nenhuma pessoa boa ou íntegra gostaria de escolher da Lista A, embora o mundo esteja cheio de pessoas que teriam de fazê-lo caso fossem totalmente honestas consigo mesmas. Que terrível vergonha morrer sem nunca ter vivido uma vida com significado!

Sim, você pode certamente dedicar sua vida a muitas coisas — a Deus, à verdade, à família, ao futuro etc. Elas não são necessariamente mutuamente exclusivas. O que quero deixar claro aqui, complementando o ensaio anterior e reforçando o título do livro, *Somos bons o bastante para a liberdade?*, é que a liberdade está muito próxima do ideal. Isso porque, por definição, ela possibilita que você se comprometa totalmente com todas as outras coisas boas, desfrutando os benefícios resultantes sem nenhum obstáculo arbitrário.

Uma filosofia de vida é feita de dois componentes: o primeiro é *como você se vê*. O segundo é *como você vê (e interage com) os outros na sociedade*. Embora sejam distintos na superfície, na verdade eles trabalham de forma perfeitamente integrada. Se não fosse assim, sua suposta filosofia de vida seria contraditória e esquizofrênica — como se você tivesse duas vidas e duas filosofias. Seria como um ladrão argumentar que o roubo é algo bom se ele roubar de você, mas ruim se você roubar dele. Integridade intelectual exige consistência lógica, e não aplicação seletiva e egoísta. Analisemos mais de perto esses dois componentes *do ponto de vista da liberdade.*

Como você se vê

SE EU FOSSE UM SOCIALISTA OU UM COMUNISTA, provavelmente me veria como vítima de outrem, ou talvez como um elemento insignificante de algo mais importante — uma quadrilha, um grupo, uma classe ou seja lá o que for. Provavelmente, eu me subordinaria à vontade coletiva, determinada por alguma pessoa poderosa e influente com um megafone. Eu buscaria poder político sobre os outros, enquanto me convencia de minhas próprias boas intenções. Passaria a maior parte de meu tempo tentando mudar o mundo, e relativamente pouco tempo tentando mudar a mim mesmo.

Porém, sou alguém que ama a liberdade — um *libertário*, se preferir — e me considero único. Eu não sou exatamente igual a ninguém que já viveu; você também não. Para ser totalmente humano — totalmente *eu* —, preciso de coisas como escolha e responsabilidade. Precisei da mamãe aos cinco anos, mas certamente não aos vinte e cinco ou sessenta e cinco.

Talvez algum dia eu seja vítima de alguém, mas posso controlar como reagirei a tal fato. Se eu permitir que isso me paralise, estarei solidificando a vitimização em meu ser.

Ser chamado de "homem comum" não é um elogio, pois não é o fato de ser comum, mas sim a minha *singularidade*, que me torna quem sou. Eu aprecio o melhor, o heroico, as pessoas que vão além do "comum".

Não importa quantas vezes outras pessoas me digam como ou o que eu deveria pensar, pois pensarei por mim mesmo. Se isso significa chegar a uma conclusão com a qual ninguém concorda, que assim seja. Tenho total interesse em me diferenciar da multidão quando ela estiver errada.

Não sou tão cheio de mim a ponto de pensar que sei tudo ou que estou suficientemente capacitado para manipular os outros como se fossem peças de xadrez. Eu quero aprender e crescer, de hoje até o meu último suspiro.

Por acaso, sou cristão, então creio que Deus me criou com um propósito. Com ajuda Dele, cumprirei esse propósito da melhor forma possível. Pode não ser o mesmo que o seu, mas não foi você que me criou e você não pode viver a minha vida por mim — pelo menos, não de forma pacífica. Eu o deixarei em paz se você me deixar em paz, e celebraremos nossas diferenças em paz e no comércio.

Tudo isso é empoderador — e muito! Eu posso empregar minha singularidade para fazer a diferença no mundo! Posso até mesmo ser capaz de mudá-lo profundamente, talvez tanto quanto aqueles que lideraram a luta para acabar com a instituição secular da escravidão! Afinal, não sou apenas outra formiga operária no formigueiro!

Posso ser um pai maravilhoso, um professor fantástico, um influenciador marcante ou um grande amigo. Posso investir, produzir e inovar. Posso ser um empreendedor arrojado, agregando valor à sociedade. Posso fazer coisas que os outros não podem ou não querem fazer e, no processo, posso estimulá-los e encorajá-los. O céu é o limite e, respeitavelmente, não vou me rebaixar às expectativas pequenas dos outros para mim.

Assuma a responsabilidade por sua vida e, mesmo que seja difícil manter o otimismo pela sociedade como um todo, você ainda pode ser otimista quanto a si mesmo e àqueles que você ama e afeta.

É assim que, em minha opinião, quem ama a liberdade deveria ver a si próprio. Certamente, é assim que eu *me* vejo. E sabe o que mais? Eu gostaria que você se visse assim. A liberdade é o que eu quero para mim, e é precisamente isso que eu desejo a você (a menos que suas ações o façam perder o direito a ela).

Eu abraço a Regra de Ouro. Faço o meu melhor para tratar os outros da forma como gostaria de ser tratado, o que me leva ao segundo componente da liberdade como filosofia de vida.

Como você vê os outros

SE EU NÃO ACREDITASSE NA LIBERDADE, PODERIA confiar apenas em mim mesmo. Eu poderia ver você como um obstáculo a ser dominado ou superado, em vez de um parceiro com quem posso me associar para benefício mútuo. Levado a um extremo não incomum na história, minha hostilidade contra a sua liberdade poderia transformar-se em tirania: você faria o que eu quisesse porque eu entendo que o seu propósito em vida é servir ao meu.

Mas sou alguém que ama a liberdade, então seria uma afronta aos meus princípios fazer contra você o que eu nunca toleraria ser feito contra mim.

Eu respeito você o suficiente a ponto de, caso tenhamos opiniões diferentes, utilizar a persuasão como meu primeiro recurso. Coação será sempre meu último, se é que, algum dia, a usarei. O uso da força nunca *começará* comigo. Eu apenas retaliarei caso você prove ser uma ameaça ao usar a força contra mim ou ameaçar claramente fazê-lo.

Acredito que seja uma medida de meu caráter o fato de eu lidar com você pelo padrão mais elevado — com honestidade, humildade intelectual, paciência, responsabilidade, respeito mútuo, coragem e autodisciplina. Até você me provar o contrário através de suas ações, você e eu teremos direito igual a tais coisas. Eu acredito tão fortemente nessas virtudes de caráter, que não permitirei que a ausência delas nos outros seja uma desculpa para eu não exercê-las.

Como alguém que ama a liberdade, respeito o seu direito de *pensar* diferente e, portanto, de *agir* diferente. Respeito o seu direito de ser diferente, de ser mais bem-sucedido do que eu em qualquer coisa, e, nesse sentido, receber os frutos que os outros lhe oferecerem. Eu não guardarei rancor de você, não o invejarei, prejudicarei ou tentarei forçá-lo a ser quem você não é. E, muito menos, contratarei políticos para fazerem essas coisas contra você sob a suposição equivocada de que isso me absolveria de parte ou toda a culpa.

Nunca sucumbirei ao mais intoxicante dos maus motivos — o poder sobre os outros. Eu sou melhor do que isso, e você também deveria ser.

Para Leonard Read, os meios tinham de ser tão bons quanto os fins. Se você deseja influenciar os outros em nome da liberdade, ele argumentava, precisa estar primeiro comprometido com a autoavaliação e, então, adotar uma posição tolerante, convidativa e hospitaleira para com os outros, sempre que possível. Ele escreveu:

Chamar Joe Doakes de tolo ou estúpido o prejudica muito pouco. O dano maior é a mim mesmo, pois ganho-lhe a inimizade. Ele não me ouvirá mais, não importando o grau de sabedoria que tenha a oferecer. Isso é atirar no próprio pé. Mas não é nem a metade!

Em poucas palavras, a subordinação desdenhosa de outra pessoa — a consideração de tal pensamento, mesmo quando silenciosa — é presságio de autodestruição. Um mundo melhor começa com aquele homem que se preocupa com sua liberdade interna. Você quer que a sua mensagem atinja mais pessoas? Imite esse homem. Para encontrar o caminho, pergunte a si mesmo:

Com quem eu preferiria jantar esta noite: com aquele homem ou com um sabichão raivoso?

Adotar a liberdade como filosofia de vida requer que você primeiro resolva seus problemas, não seja um fardo para ninguém, não busque nada dos outros pelo processo político, apenas que o deixem em paz, e seja um modelo em tudo que fizer, de modo que os outros sejam inspirados por seu exemplo.

Assuma as rédeas de sua vida, aceite todas as suas responsabilidades pessoais e profissionais sem hesitação. Tenha uma atitude mental saudável: um bom senso de humor, uma noção clara de suas forças e fraquezas e um otimismo contagiante sobre fazer a diferença no mundo.

Seja um bom cidadão que respeita a vida e a propriedade dos outros. Não espere ser livre apoiando a supressão da liberdade alheia. Torne sua vida uma jornada contínua de aprendizado — leia e se informe o máximo possível sobre a liberdade e seus meandros. A forma como apresentamos nosso argumento é quase tão importante como o próprio argumento. Dificilmente funciona utilizar uma abordagem hostil, confrontacional ou condescendente. Não fica bem ser arrogante, insistente ou presunçoso. Nossas ideias deveriam ser expressas da maneira mais criteriosa, convidativa, acolhedora e persuasiva possível. Deveríamos ser como ímãs que atraem pessoas de mente aberta, dispostas a aprender. Podemos ter todos os fatos e paixão do mundo, mas se não tivermos habilidades pessoais, acabaremos falando sozinhos.

Não importa quão indispensável a liberdade seja para o progresso da humanidade, seu futuro nunca está garantido. De fato, em muitas áreas, ela tem recuado por anos — sua chama tremulando contra os ventos da ignorância, da irresponsabilidade, da gratificação de curto prazo e da busca de poder. É por isso que é ainda mais importante que aqueles que acreditam na liberdade se tornem porta-vozes mais eficazes da causa.

Para isso, ofereço uma lista testada das "Dez melhores regras básicas". Elas não aparecem numa ordem particular. Então, deixarei que você, caro leitor, decida quais são as mais importantes. Eu estou convencido de que a liberdade como filosofia de vida oferece tantos elementos que dão sentido à vida que temos um dever pessoal de sermos exemplos efetivos e porta-vozes dela.

Motive-se: a liberdade é mais do que sorte. É um imperativo moral, digno de todo esforço apaixonado que pessoas boas possam reunir. Ela não trata apenas de motivação em um ano eleitoral ou na resposta a algum problema pontual. Ela é sempre a diferença entre liberdade de escolha e coerção, entre viver a sua vida ou os outros a viverem por você (e à sua custa). Se a liberdade for perdida, pode nunca mais ser recuperada em nossos dias, ou durante a vida de nossos filhos e netos. Para resolver problemas, evitar conflitos e unir pessoas, não há caminho pior do que a política e a força, e nenhum caminho melhor do que a liberdade para o florescimento da troca e da cooperação pacíficas.

Aprenda. Mais precisamente, nunca pare de aprender! Para ser um persuasor efetivo, não há substituto que supere dominar fatos e fundamentos. Conheça as suas ideias de trás para a frente. Nunca pare de aprender economia, história ou filosofia para ser o melhor persuasor em sua vizinhança. Deixe o outro lado falar com frases de para-choque. Apresente-se armado com conteúdo e não com frases feitas.

Seja otimista! É cansativo e desencorajador ouvir os derrotistas falarem: "Acabou. A República está perdida. Não há como voltar atrás. Nosso pato está assado. Vou sair do país". Qual é a razão de tal discurso? Certamente, não é inspirar. Pessimismo é uma profecia autorrealizável. Pessimistas apenas se desarmam e desmotivam os outros; não há nada a ganhar com isso. Se você realmente acredita que tudo está perdido, o melhor a fazer é protelar a possibilidade de que você possa estar errado, deixando os otimistas liderarem o caminho. (Isso significa deixar o pessimismo do lado de fora.)

Use o humor. Mesmo questões sérias exigem momentos de leveza. Temperar seu argumento com humor pode torná-lo mais atraente, mais humano. Se você não consegue sorrir enquanto apresenta o seu argumento em prol da liberdade — se você não consegue provocar um sorriso ou risada da pessoa com quem está falando —, você está no caminho da derrota. O humor quebra o gelo.

Questione. Não é preciso dar sermões a todo convertido em potencial. Aprenda a usar o método socrático, em especial, ao dialogar com um rígido ideólogo do estatismo. Na maioria das vezes, tais pessoas defendem suas visões não porque estejam familiarizadas com o pensamento libertário ou o rejeitem, mas porque apenas não conhecem os seus argumentos. Uma linha inteligente de questionamento pode levar uma pessoa a pensar sobre suas premissas de maneiras que nunca tinham pensado.

Mostre que se importa. Dizem que as pessoas não se importam com o que você sabe se não souberem com o que você se importa. Foque nas pessoas ao argumentar em prol da liberdade. Leis e princípios contrários à liberdade produzem muito mais resultados negativos; eles destroem sonhos de pessoas reais que querem melhorar suas vidas, bem como as vidas daqueles a quem amam. Cite exemplos de pessoas e o que aconteceu com elas quando o governo se intrometeu no caminho de seu progresso. Dito isto, não se apegue ao negativo. Seja generoso ao citar exemplos do que pessoas particulares conquistaram quando lhes foi dada a liberdade para tentar.

Conquiste a superioridade moral. A liberdade é um dos arranjos socioeconômicos que exigem padrões elevados de caráter. Ela não pode sobreviver se as pessoas forem amplamente desonestas, impacientes, arrogantes, irresponsáveis, focadas no curto prazo e desrespeitosas em relação à vida, aos direitos e à propriedade alheios. Essa verdade diz muito a respeito da superioridade moral da liberdade sobre todos os outros "sistemas". A humanidade é composta de indivíduos únicos; ela não é um conjunto amorfo e coletivo a ser manipulado por elitistas que se consideram nossos mestres e planejadores. Qualquer arranjo que misture nossas vidas distintas num liquidificador coletivista é uma ofensa moral. Use isso para atingir o coração do argumento de seu adversário.

Desenvolva uma persona empolgante. Um entusiasta da liberdade, que conhece todos os fatos e as teorias ainda pode ser repulsivo e ineficiente se for condescendente, vingativo, grosseiro, sabe-tudo ou se estiver sempre em "modo de ataque". É por isso que o clássico de Dale Carnegie, *Como fazer amigos e influenciar pessoas*, deveria estar na lista de leituras obrigatórias de todo libertário, assim como a excelente obra de Olivia Cabane, *O mito do carisma*. Você quer mudar o mundo ou apenas bater no peito? Falar para os outros ou falar para si próprio? E reduza a negatividade! Alguns de nós falam apenas de coisas negativas. Essas são pessoas que não veem nada de bom acontecendo em lugar algum. Essa atitude se assemelha a dizer: "Pare de se divertir. A única boa notícia é que não existe nenhuma. Se você acha que existem boas notícias, nós lhe diremos por que não é assim". Essa atitude não é eficaz e raramente converte pessoas. Heróis e histórias heroicas nos rodeiam: não as ignore ao focar em pilantras e desilusões.

Não exija aceitação total e imediata. Você já se deparou com um libertário que lhe deixa claro que, a menos que confesse todos os seus pecados intelectuais, arrependendo-se no ato, você é um pária? A história do progresso das ideias oferece poucos exemplos de mudança instantânea de opinião. Devemos ser pacientes, convidativos e compreensivos. Saiba quando as rachaduras estão aparecendo no muro do oponente e lhe dê espaço para ele próprio derrubá-lo. Lembre-se de que todos têm opiniões hoje que não aceitavam no nosso passado. Nenhum de nós saiu do útero com uma cópia de *O caminho da servidão* embaixo do braço.

Faça aliados, não inimigos. Um punhado de libertários claustrais, ineficientes — mas barulhentos — se considera sacerdotes da fé. Eles se comportam como se o maior inimigo não fosse aqueles que não adotam preceitos libertários, mas aqueles que adotam vários, porém não todos. Então, quando encontram alguns libertários que certa vez defenderam visões distintas, ou se afastam da ortodoxia em uma ou outra questão, eles começam a vilanizá-lo. Isso os faz sentirem-se bem, mas funciona contra a causa maior. Se afirmarmos que queremos tornar o mundo melhor e mais livre, não podemos tornar esse processo de trilhar um novo caminho algo tão doloroso.

Então, somos, de fato, *bons o bastante para a liberdade*? Tal questão é mais bem respondida não de forma coletiva, mas de forma pessoal e profunda — uma pessoa por vez.

Artigos
Fundamentais

Por que princípios são importantes?

Abra a mente para a importância dos princípios: é por eles que o mundo se lembrará de você.

PARAFRASEANDO O JORNALISTA E FILÓSOFO INGLÊS G. K. Chesterton, o estudioso do Novo Testamento N. T. Wright escreveu:

O propósito de uma mente aberta é o mesmo de uma boca aberta: fechar-se em volta de algo sólido. Sim, devemos ser livres para questionar; mas, ao ouvirmos uma boa resposta, devemos estar preparados para reconhecê-la como tal, evitando a ansiedade de manter todas as questões em aberto, de modo a acabarmos evitando uma resposta que ameace nossa mente aberta, justamente porque gostamos tanto de ter a mente aberta. Esse é o caminho da inanição espiritual e intelectual.

Trata-se de uma crítica válida ao *culto da mente aberta* que, em essência, nada mais é do que admitir viver a vida sem aprender nada ou chegar a alguma conclusão.

Já ouvi pessoas sugerindo que ter uma "mente aberta" é, de algum jeito, melhor que formar uma opinião ou adotar um princípio. Em minha opinião, isso é verdadeiro apenas quando uma opinião — ou princípio — é irrefletida, mal considerada, ilógica, mentirosa ou infundada.

O sol nasce no leste ou no oeste? Não é um sinal de sabedoria afirmar que sua mente está aberta e depois esperar para ver o que acontece todas as manhãs.

OPINIÕES VERSUS PRINCÍPIOS

Opiniões e princípios estão conectados, ou, pelo menos, deveriam estar. Princípios são fundacionais, e opiniões são, pelo menos em parte, baseadas neles. Então, pense nos princípios como primários e nas opiniões como secundárias. Princípios são conjuntos de regras, diretrizes, verdades fundamentais. Incluem axiomas, reflexões morais, ideais, leis da natureza e do comportamento humano, e até mesmo os princípios físicos fundamentais do universo. Você tem uma opinião sobre algo porque, em algum momento, adotou algum princípio consciente ou inconscientemente. Outro sinônimo para princípio é convicção.

Isso não significa que seus princípios nunca devam mudar. Quando novas evidências (e não só a tendência do momento) forem convincentes, deveríamos mudá-los. Nesse sentido, creio que nossa mente deva estar sempre "aberta", mas isso não é motivo para ficarmos em cima do muro.

Até o momento, nossos sentidos e a informação por eles obtida nos informam com segurança que vegetais são bons para a nossa saúde. Nós agimos — e consumimos — de acordo. Ninguém em sã consciência diria estar tão aberto à visão contrária de que os vegetais podem, algum dia, serem considerados ruins para os seres humanos, a ponto de preferir não arriscar consumi-los no presente. Portanto, adotamos o princípio de que vegetais são bons para nós, à luz de nosso conhecimento atual. Nós os comemos e, então, formamos opiniões sobre quais deles mais agradam o nosso paladar.

"Se você não acredita em nada, acredita em tudo."

Os exemplos acima procedem das ciências físicas, cujas evidências e provas parecem ser, pelo menos até aqui, objetivas e inquestionáveis. É nas ciências sociais que as coisas se complicam e se tornam mais subjetivas; mas, mesmo nelas, uma pessoa que reflita busca princípios que conduzam logicamente a opiniões e conclusões.

Embora alguns encarem negativamente a defesa de princípios, como um sinal de rigidez, ideologia ou "mente fechada", essa é apenas uma forma frequente de rejeitar os princípios do outro, enquanto nos mantemos firmes aos nossos. A maioria das pessoas admira instintivamente quem parece acreditar em algo!

O comediante Groucho Marx certa vez declarou, ironicamente: "Esses são os meus princípios. Se você não gosta deles (pausa), *eu tenho outros!*". Podemos até rir disso, mas não admiramos essa postura. É só uma forma engraçada de dizer: "Na verdade, não tenho princípios" ou "adotarei princípios conforme for conveniente".

Não sei quem foi o primeiro a dizer isso, mas seja quem for, deveria receber um prêmio por observar que "se você não acredita em nada, acredita em tudo".

O CEMITÉRIO DOS PRINCÍPIOS

Muitas pessoas consideram a política o cemitério dos princípios. Rick Becker, amigo pessoal e membro da Câmara dos Deputados da Dakota do Norte, é um dos raros políticos que faz o que fala, é claro no que fala e vota de acordo. Em meu podcast, questionei-o sobre que aspecto da política sabota homens e mulheres de princípios.

Se você faz malabarismos para mostrar que tem uma "mente aberta", só demonstra o quanto sua mente é vazia.

Eu esperava que Rick fosse citar uma série de tentações que o processo político oferece a pessoas boas, porém ingênuas. Em vez disso, a sua resposta foi mais reveladora: "A política só faz aflorar o que já havia em você". Em outras palavras, na panela de pressão da política, os "princípios" de alguns indivíduos acabam sendo nada mais do que conveniência temporária, facilmente substituível pelo seu desejo mais forte de ser popular, rico ou reeleito.

Ter princípios é mais do que falar obviedades ou frases de efeito. Ter princípios é fazer o que se fala. É um sinal de bom caráter. *Não ter princípios* nunca deveria ser motivo de elogio. Se você faz malabarismos para mostrar que tem uma "mente aberta", só demonstra o quanto sua mente é vazia. E talvez também sua alma.

Acredito ser tão importante ter princípios que essa é uma das ideias pelas quais eu gostaria de ser lembrado algum dia. Muito tempo depois de as pessoas terem esquecido os lugares onde você viveu, os cargos que ocupou ou mesmo os nomes dos seus filhos, seria maravilhoso se pudessem dizer: "Aquele foi um homem de princípios. Ele identificou o que ele acreditava ser o verdadeiro e o correto, ligou os pontos e viveu a vida de acordo".

QUAIS SÃO OS SEUS PRINCÍPIOS?

Eu gostaria de sugerir um exercício útil de autoanálise. Reserve um tempo para escrever alguns dos princípios em que você acredita. É claro, se você venera o altar da mente aberta, será possível escrevê-los na palma de sua mão e ainda sobrará lugar. Mas, se você for honesto, se realmente tiver aprendido algo em sua vida, ficará surpreso com o número de folhas que conseguirá preencher. Analise a lista com cuidado para detectar contradições gritantes e, se existirem, resolva-as. Pense nos riscos que está disposto a assumir, bem como nas perdas que está disposto a aceitar para manter cada um deles.

Por exemplo, um de meus princípios é "Os seres humanos deveriam ser livres, contanto que não façam mal ao seu próximo". Eu arriscaria tudo por ele. Outro seria: "Meu jardim é o reflexo público de meu cuidado pela propriedade, então quero que esteja sempre bonito. Mas não vou gastar horrores para regá-lo se moro no Vale da Morte".

Sócrates teria aconselhado: "Conheça a si mesmo". Esse exercício é a melhor forma de fazer isso.

Guarde a sua lista em lugar acessível e revise-a de tempos em tempos. Julgue a conformidade de suas ações frente ao que foi listado. Compartilhe essa lista com seus filhos; eles o conhecerão melhor, serão gratos e lembrarão de você muito mais por isso.

Stanley Baldwin, um dos piores primeiros-ministros do Reino Unido, certa vez declarou: "Eu prefiro ser um oportunista e flutuar a morrer afogado com meus princípios". Até hoje não sabemos quais eram os seus princípios, o que explica o fato de ninguém se lembrar dele.

Abra a sua mente para a importância dos princípios: é por eles que o mundo se lembrará de você.

A liberdade venceu?
Veja como saber

É triste notar que a política consome tanto tempo de nossas vidas, mas isso é o resultado natural e inevitável de termos concedido a ela um papel tão predominante.

SOU GRATO PELO FATO DE NÓS, COMO CIDADÃOS, TERmos alguma participação na escolha de quem terá a "honra" de nos governar. Nossa democracia é, sem dúvida, melhor do que um sistema autoritário em que o déspota escolhe quem será governado, eliminando o resto. Contudo, ainda saio de toda eleição com a cabeça baixa, triste por tanta energia, recursos e saliva terem sido desperdiçados em tão pouco.

O seu candidato — ou partido — venceu na última eleição? A resposta dessa pergunta não é exatamente a mesma desta: o país será mais livre, mais civilizado ou mais próspero devido ao resultado?

É triste notar que a política consome tanto tempo de nossas vidas, mas isso é o resultado natural e inevitável de termos concedido a ela um papel tão predominante. É tolice esperar que um governo mais inchado se torne um governo melhor, mais pacífico ou mais eficiente!

Os candidatos vencedores foram escolhidos, mas ainda não se sabe exatamente o que foi ganho com sua eleição. Para refletirmos sobre o que poderia representar uma vitória segundo uma perspectiva pró-liberdade, republico um artigo que escrevi muitos anos atrás para o site da FEE. Os princípios nele contidos continuam tão relevantes como nunca.

"Estamos vencendo?" Essa é a pergunta que mais ouço em minhas palestras sobre a liberdade e o poder das ideias. Todo mundo quer saber se deveríamos ficar otimistas ou pessimistas frente ao resultado da eleição, como se isso devesse determinar se continuamos a lutar ou não. Muitos defensores da liberdade se baseiam nas tendências do momento para saber se, quando e como proceder — e, até mesmo, como avaliá-la em qualquer momento.

Pessoalmente, adoto uma abordagem otimista, equilibrada, autodirigida e de longo prazo que não depende dos outros. Cada pessoa deve fazer o seu máximo para promover a causa e, então, permitir que o resto aconteça naturalmente, confortando-se no fato de que fez o seu melhor como indivíduo, não importando o resultado.

Além disso, confio totalmente que, como disse Leonard Read, "a verdade aparecerá" e a liberdade triunfará porque reflete o que é certo. O pessimismo é uma profecia autorrealizável; logo, não permito que se aposse de minha mente.

Mas isso gera uma pergunta adicional, feita a mim recentemente quando citei poderosas tendências intelectuais como evidência de que, realmente, estamos vencendo. A pergunta foi: "Como saberemos que vencemos?".

Num sentido mais amplo, "vencer" significa viver em uma sociedade onde as pessoas respeitam a vida e a propriedade. Significa cada um de nós seguir o próprio caminho e cuidar da própria vida. Significa confiar na associação voluntária e na compaixão individual, não em arranjos coercitivos e em redistribuição política. Significa ter governo mínimo e autoconfiança máxima. E quando chegarmos lá, a batalha das ideias ainda não terá acabado porque as pessoas, sendo imperfeitas, podem sempre desaprender as verdades que aprenderam.

Num sentido mais restrito e concreto, saberemos que vencemos quando surgirem mudanças muito específicas de pensamento e políticas públicas. Compilei algumas delas em uma lista, mas poderia citar muitas outras.

Saberemos que vencemos:

QUANDO "LIBERALISMO" VOLTAR A SER SINÔNIMO DE LIBERDADE

Em seu *História da Análise Econômica*, Joseph Schumpeter notou que o termo "liberalismo" costumava descrever a visão daqueles que acreditavam que "a melhor forma de promover o desenvolvimento econômico e o bem-estar geral é remover os grilhões que limitam a ação da iniciativa privada e deixá-la em paz". No vocabulário atual, o termo significa o oposto. Schumpeter considerava "um elogio supremo, mesmo que não intencional" o fato de "os inimigos do sistema de iniciativa privada terem considerado inteligente se apropriar do termo que o definia".

Liberalismo é um termo bom demais para ficar nas mãos dos estatistas. É preciso recuperá-lo, identificando corretamente os defensores do *status quo* do governo inchado como os verdadeiros reacionários. Quando isso acontecer, teremos conquistado muito mais do que a superioridade semântica.

QUANDO "SERVIÇO PÚBLICO" FOR CONSIDERADO COMO O QUE É FEITO NATURALMENTE NO SETOR PRIVADO

O funcionário público, mesmo quando passa por cima dos direitos e da propriedade alheia, veste o manto prestigiado de serviço abnegado à humanidade, moralmente superior aos que não trabalham para o governo. Mas, em muitos casos, o serviço público genuíno de um servidor começa de fato quando ele arranja um emprego honesto no setor privado — produzindo bens e serviços que melhoram a vida dos que pagam por eles porque escolhem fazê-lo, não porque são forçados a isso.

Combater doenças, inventar dispositivos que poupam trabalho, alimentar e vestir milhões, assim como tantas outras atividades privadas motivadas pelo lucro, podem ser igualmente consideradas "serviço público" como qualquer coisa feita pelo governo. Da próxima vez que alguém disser que vai se candidatar a um cargo governamental ou buscar um emprego público, pergunte-lhe se isso significa que pretende largar o "serviço ao público".

QUANDO UM "DIREITO" FOR UM SALÁRIO, NÃO UM BENEFÍCIO ASSISTENCIALISTA

Tiro o chapéu para quem teve a péssima ideia de chamar auxílios governamentais de "direitos". De forma engenhosa, o termo consolida e perpetua os próprios programas que rotula — programas que tiram riqueza de quem produz, redistribuindo-a para quem não a merece, e que talvez a valorize ainda menos.

Um salário recebido por trabalho realizado é um "direito" genuíno. Uma reivindicação contra esse salário de parte daqueles que preferem "votar para viver" a trabalhar para viver não é genuína e muito menos algo a que se tenha direito numa sociedade livre. Temos que corrigir os padrões de pensamento que permitem o mau uso do termo para justificar o estado moderno de bem-estar social.

QUANDO OS CIDADÃOS SE REVOLTAREM CONTRA OS GASTOS COM PELO MENOS A MESMA INTENSIDADE QUE CONTRA A TRIBUTAÇÃO

Quase todo mundo concorda com a redução de impostos, pelo menos para si, mas não necessariamente com a redução de gastos do governo. Às vezes, os mesmos que defendem menos impostos são os primeiros a buscar subsídios governamentais.

Não é suficiente pedir ao seu congressista que não cobre impostos. É preciso exigir também que ele não lhe dê nada em troca de seu voto, pelo menos nada que já não seja seu por direito.

QUANDO O GOVERNO PARAR DE DISTRIBUIR SEU PODER COERCITIVO A INTERESSES ESPECIAIS

O governo não é a única instituição que emprega a força jurídica, às vezes injustificada, contra a população. Outras também o fazem, quando recebem aval do governo. Privilégios especiais que emanam da lei ainda permitem que sindicatos forcem trabalhadores a se filiar. Subsídios e favores especiais a certas empresas prejudicam concorrentes e consumidores. A ajuda externa financia ditaduras em outros países com o dinheiro dos impostos. Usar o governo para obter vantagem à custa dos outros ou para ocupar uma posição que seria impossível no livre mercado é uma missão diária de um número assustador de pessoas.

QUANDO O AUTOAPERFEIÇOAMENTO FOR ENTENDIDO COMO O PRIMEIRO PASSO INDISPENSÁVEL PARA REFORMAR O MUNDO

Se todo indivíduo se propusesse a se tornar um cidadão exemplar, estaria assumindo um trabalho de tempo integral para a vida inteira. Muitos sucumbem, todavia, à tentação de se intrometer nos assuntos dos outros — e mesmo as melhores intenções frequentemente geram conflito e dano.

O progresso contínuo da humanidade deriva do progresso individual de homens e mulheres que decidem fazer o melhor uso de seus talentos e habilidades. Seja um modelo — e não um fardo — para a sociedade, e veja que rapidamente encorajará muitos outros a fazerem o mesmo.

QUANDO O QUE FOR CONSIDERADO "BOA CIDADANIA" INCLUIR COMBATE AO PODER E DEFESA DA LIBERDADE

Hoje, os textos sobre civismo são, na melhor das hipóteses, um emaranhado de palavras sem sentido; na pior, totalmente hostis a uma sociedade livre. Na escola, as crianças são ensinadas que ser um bom cidadão significa votar, não importa no quê nem para quê; que distribuir coisas de graça é mais virtuoso do que criá-las; ou que buscar cargos políticos é mais nobre do que abrir uma empresa.

Na minha opinião, os elementos mais importantes de uma boa cidadania são: lidar com seus compatriotas de forma pacífica e voluntária; construir seu caráter de modo a ser um exemplo positivo para sua família e amigos; adotar a liberdade como filosofia de vida; e, em vez de ser um dos muitos "caronas" da liberdade, ser um de seus apoiadores mais ativos através de coragem, filantropia e ativismo. Sim, uma boa cidadania tem tudo a ver com liberdade e princípios. De fato, sem liberdade, "boa cidadania" não significa nada.

Um grande desafio, não é? Sim, e existem muitos outros critérios que eu poderia ter adicionado a essa lista para dificultá-lo ainda mais. Poucas coisas que valem a pena são conquistadas ou mantidas com facilidade. Vencer a batalha pela liberdade está entre os desafios mais cativantes que posso imaginar, em parte porque os critérios adotados no caminho são tão corretos quanto o objetivo final. Tudo se resume a respeitar os outros — seus direitos e escolhas como adultos pacíficos — pelo menos, na mesma medida em que você respeita os seus.

Ser adulto significa resistir ao impulso estatizante

RECENTEMENTE, AO ENTRAR NUM RESTAURANTE EM Naples, Flórida, pedi ao garçom uma mesa na seção de não fumantes. Ele respondeu: "Sem problemas. O fumo é proibido por lei em todos os restaurantes do estado. Por favor, siga-me". Meu primeiro pensamento, enquanto caminhávamos para a nossa mesa, foi: "Que bom! Sem chances de ficar com cheiro de cigarro".

Mas, logo depois, senti vergonha, pois tinha sido vítima do impulso estatizante. Por quarenta anos, pensei ser uma pessoa apaixonada e fiel ao ideal de uma sociedade livre. Ainda assim, por alguns segundos, senti prazer em uma intromissão direta do governo na liberdade de adultos livres num estabelecimento privado.

Esse incidente me perturbou muito. Por que meu primeiro impulso foi abandonar meus princípios em troca de alguns minutos de conveniência? E se alguém comprometido com a liberdade como eu pode ser tão facilmente seduzido pela tentação estatizante, como acusar quem não defende a liberdade de se render a tentações similares ou ainda maiores?

De início, pensei no dano que muitos médicos acreditam que o fumo passivo pode causar. Talvez não seja errado o governo proteger não fumantes, caso haja alguém impondo uma externalidade perigosa sobre uma pessoa não disposta a inalar fumaça alheia. Então, logo percebi duas contradições: ninguém me obrigou a entrar nesse estabelecimento, e o restaurante não pertencia nem ao governo nem a mim. O fato inegável é que, em uma sociedade genuinamente livre, o dono do restaurante que deseja permitir que algumas pessoas ali fumem tem tanto direito a isso como temos você e eu de procurar outro local. Não é como se as pessoas não estivessem cientes dos riscos envolvidos. Além disso, ninguém tem o direito de forçar outro cidadão a lhe oferecer um restaurante livre de fumo.

Além disso, posso pensar em uma série de comportamentos perigosos em que muitos adultos se engajam livremente, mas que nunca eu pediria que o governo banisse: paraquedismo e *bungee jumping* são apenas dois deles. Aliás, as estatísticas mostram que frequentar certas escolas públicas em periferias ou lecionar nelas é muito perigoso — talvez mais perigoso do que inalar ocasionalmente a fumaça do cigarro de outra pessoa.

O impulso estatizante é a preferência por usar a força do Estado para obter algum benefício — real ou imaginado, para si ou para os outros — em detrimento de alternativas voluntárias como persuasão, educação ou liberdade de escolha. Se as pessoas analisassem as coisas nesses termos, ou se percebessem o caminho perigoso que estão tomando ao endossar a intervenção governamental, o apoio a medidas coercitivas para resolução de problemas comportamentais certamente diminuiria. O problema é que as pessoas normalmente não relacionam intervenção à força. Mas é exatamente isso que ocorre, não é? O governo não *pediu* que os restaurantes proibissem o fumo; ele *ordenou*, sob a ameaça de multas e prisão por descumprimento.

Já tentei argumentos assim com alguns amigos. Com exceção dos libertários, essas foram as respostas mais comuns:

Ilusão: "Não é de fato 'força', se a maioria dos cidadãos apoia a medida".

Paternalismo: "Nesse caso, a coerção foi algo positivo, pois foi para o seu próprio bem".

Dependência: "Se o governo não o fizer, quem fará?".

Miopia: "Pare de fazer tempestade em copo d'água. Como que banir o cigarro em restaurantes pode ser considerado uma ameaça à liberdade? Mesmo que fosse, é tão ínfima que me não importa".

Impaciência: "Não quero ter de esperar até que meu restaurante favorito decida proibir o cigarro por conta própria".

Sede de poder: "Restaurantes que não proíbem fumantes devem ser forçados a fazê-lo".

Egocentrismo: "Eu não me importo. Eu odeio cigarro e não quero nem pensar na hipótese de ter de sentir seu cheiro, mesmo que o dono do restaurante crie uma seção apropriada para fumantes".

Se você pensar, todos esses argumentos podem ser aplicados — e, de fato, são aplicados — para justificar a imposição de limitações intoleráveis à liberdade do indivíduo. Se há uma lição que já deveríamos ter aprendido com a história dos governos, é que se o cidadão ceder em um ponto, mais cedo ou mais tarde, apelando para as fraquezas populares, o governo fará uma restrição muito mais ampla do que aquela inicialmente aceita. O segredo é fazer as pessoas entenderem que a liberdade é tolhida em um pequeno aspecto de cada vez, e que é mais inteligente resistir à erosão da liberdade nas pequenas coisas do que aceitar e alimentar esperanças de não precisar encarar batalhas maiores no futuro.

Ilusão, paternalismo, dependência, miopia, impaciência, sede de poder e egocentrismo. Todos eles são motivos pelos quais as pessoas sucumbem ao impulso estatizante. Enquanto pensava, ocorreu-me que também são vestígios da infância. Na infância e adolescência, nosso entendimento sobre como o mundo funciona é, no máximo, simplório: esperamos que cuidem de nós, não importa como. E queremos tudo para ontem.

Somos adultos quando aprendemos que existem limites ao nosso comportamento; quando pensamos no longo prazo e em todas as pessoas, e não apenas em nós mesmos e no aqui e agora; quando nos esforçamos para sermos independentes dentro de nossas possibilidades físicas e intelectuais; quando deixamos os outros em paz, a menos que nos ameacem; e quando satisfazemos pacientemente nossos desejos através de meios pacíficos e não com cassetetes. Somos adultos quando assumimos a responsabilidade por nós mesmos e por nossos atos; do contrário, regredimos ao comportamento infantil.

Mesmo assim, analise o cenário do debate político atual e verá um número incontável de pedidos para usar a força do Estado para "fazer algo". Tribute o próximo, pois tem mais do que eu. Dê-me um subsídio, pois não consigo competir no mercado internacional. Subsidie minha faculdade. Exproprie aquela propriedade, para que ali seja construído o meu hotel. Corrija esse ou aquele problema para mim, e faça agora. Facilite a minha vida fazendo com que o outro pague. Diga àquele dono de restaurante que não pode servir fumantes.

Eu me pergunto se a nossa sociedade se tornou um grande berçário, cheio de bebês chorões que veem o Estado como sua querida babá. Isso me força a dizer: "Cresçam!".

Sociedades prosperam e entram em decadência dependendo de seu grau de civilidade. Quanto mais os cidadãos se respeitarem entre si e se associarem livremente, maior prosperidade e segurança haverá. Quanto mais dependerem da força — jurídica ou não —, mais facilmente serão manipulados por demagogos e tiranos. Então, resistir ao impulso estatizante não é uma questão trivial.

Para mim, resistir a esse impulso é a coisa mais adulta a fazer.

É hora de nos livrarmos de rótulos

QUANDO O ASSUNTO É POLÍTICA, ESTAMOS PRESOS A rótulos. Por todo lado, alguém está rotulando outra pessoa de alguma coisa que supostamente resume sua filosofia política ou inclinações ideológicas.

Quando os rótulos esclarecem, são úteis. Porém, quando confundem ou distorcem, são muito mais do que inúteis. Em meio à queda geral recente dos níveis educacionais que resulta no empobrecimento do debate público, confesso minha desilusão com os principais rótulos políticos, pois se tornaram uma desculpa para as pessoas deixarem de pensar.

Considere a já batida dicotomia "liberal" versus "conservador". "Liberal" já foi um termo honesto que descrevia quem colocava a "liberdade" em primeiro lugar. Nos Estados Unidos, durante o século XX, passou a descrever quem trocaria de bom grado sua liberdade por alguma esmola do Estado.

Mesmo esse significado raramente se aplica à posição de uma pessoa em todos os assuntos.

Às vezes, o termo "conservador" é usado para descrever quem deseja preservar o *status quo*; noutras, para descrever quem deseja restituir um papel limitado ao Estado (pelo menos, na maioria das questões econômicas), posição essa que hoje não representa o *status quo*. A confusão só piora quando os que rotulam focam nos estrangeiros. Quando Mikhail Gorbachev estava implementando reformas na ex-URSS, a mídia norte-americana o chamava de "liberal", enquanto seus oponentes stalinistas eram rotulados de "conservadores". Os conservadores norte-americanos se perguntavam por que seu rótulo era sempre ligado a figuras normalmente demonizadas pela mídia *mainstream*, fossem comunistas estrangeiros ou libertários pró--Estado mínimo.

Com frequência, alguém adiciona um adjetivo a um rótulo já confuso, raramente esclarecendo qualquer coisa. Conservador "solidário", por exemplo. Conheço muitos autodenominados conservadores que são generosos e caridosos, que doam muito mais de seus recursos para causas nobres do que muitos "liberais" hipócritas e abnegados. Esses "conservadores" se perguntam por que qualquer adjetivação é necessária.

E o que dizer do termo "moderado"? Tem sido aclamado por descrever pessoas dotadas de uma objetividade esclarecida e racional. Analise-as de perto e quase sempre encontrará indecisão sobre os mais diversos temas. E quando por fim chegam a uma conclusão, mostram-se inconsistentes com as outras posições malconcebidas que defendem.

Talvez precisemos de um novo conjunto de rótulos. Ou, talvez, devamos reconhecer que simplesmente rotular não basta quando o assunto é aplicar princípios complexos às questões do dia a dia.

De qualquer forma, se quisermos seguir rotulando as pessoas, sugiro que o façamos de forma mais significativa, evitando descrições "tamanho único" e, de preferência, com foco em traços e tendências.

Para começar: por que não diferenciar *aqueles que se satisfazem com retórica daqueles que exigem resultados*?

Pessoas que defendem esforços financiados e orientados pelo governo para corrigir problemas outrora considerados de responsabilidade pessoal, privada ou da "sociedade civil" quase sempre se contentam apenas com retórica. Talvez por isso seus esforços raramente produzam resultados dignos de menção. Para elas, já é suficiente alguém declarar sua preocupação com os pobres. Não importa que o resultado dos programas governamentais de auxílio aos pobres seja contrário ao prometido, fato esse que tanto o bom senso como a economia deveriam ter previsto com antecedência.

Pessoas que defendem soluções não governamentais — mudanças de comportamento e atitude, fortalecimento da família, envolvimento de igrejas e associações privadas, por exemplo — não são motivadas pela retórica. Elas têm foco em resultados e podem orgulhosamente citar como exemplo a incrível história da experiência americana. Não foi retórica que criou uma grande civilização em meio à natureza; não foi o bater no peito ou as manifestações de preocupação que alimentaram, vestiram e alojaram mais pessoas em padrões elevados do que qualquer outra sociedade na história. Foi, sim, uma combinação de famílias unidas, autoconfiança, associações voluntárias efetivas, iniciativa privada e empreendedorismo de risco.

Aqui sugiro outra forma relevante para categorizar o pensamento das pessoas: *aqueles que são felizes com respostas de curto prazo versus aqueles que planejam para o longo prazo.*

Algumas pessoas pensam apenas no aqui e agora, no momento atual. Outras veem mais longe e reconhecem que soluções rápidas normalmente levam ao desastre no longo prazo.

Nesse sentido, aqueles que favorecem "soluções" governamentais estão do lado errado da questão. A primeira resposta que oferecem a problemas como o da pobreza é dar um cheque aos pobres e, ao observá-los gastar em alimentos, concluem terem feito o bem. Mas aqueles que apoiam soluções não governamentais conhecem o significado do ditado "não dê o peixe, ensine a pescar".

Outra forma possível para distinguir e aplicar descrições corretas: *aqueles que demonstram pouco interesse pela liberdade versus aqueles que compreendem que, sem liberdade, pouco ou nada é possível.*

As pessoas que pressionam o governo a "tributar e tributar, gastar e gastar, eleger e eleger" — nas palavras de Harry Hopkins (1890-1946), conselheiro de Franklin Delano Roosevelt — estão mais do que dispostas a sacrificar um pouco de liberdade em troca de uma esmola. Melhor dizendo, estão dispostas a sacrificar as liberdades de todos em troca de esmolas para alguns. Aqueles que preferem medidas privadas e não governamentais para lidar com os problemas entendem (i) que o governo não tem nada para dar a ninguém, exceto aquilo que, antes, tirou de alguém e (ii) o Estado que é grande o suficiente para lhe dar tudo o que você quer se tornou grande o suficiente para tomar tudo o que você tem.

Em vez de se contentar com o padrão atual de rótulos cada vez mais confusos e irrelevantes, deveríamos nos concentrar em explicar que vale a pena defender ideias testadas e válidas por gerarem resultados, não por sua beleza retórica; ideias que não hipotecam o futuro em prol do presente; e, por fim, ideias que não tratam a liberdade das outras pessoas como se fossem papel descartado esperando a coleta.

Certamente, por razões que já ficaram claras, sugiro que os defensores da liberdade e do livre mercado adotem prontamente esses novos critérios para descrever tendências políticas e econômicas. Provavelmente, será difícil convencer o outro lado a seguir esses novos critérios. Mas isso diz muito a respeito do mérito de suas posições e do equívoco de seus rótulos. Se essa nova abordagem compelir alguns a se aprofundarem mais nos temas, sem dúvida, o debate público melhorará consideravelmente.

O amor pelo poder versus o poder do amor

Hoje, o amor pelo poder erodiu nossa liberdade

"ANSIAMOS PELOS TEMPOS EM QUE O PODER DO AMOR substituirá o amor pelo poder. Então, nosso mundo conhecerá as bênçãos da paz."

Assim declarou o ex-primeiro-ministro William Ewart Gladstone (1809-1898) no século XIX. Na época, sua plateia reagiu da mesma forma que as plateias reagem — com aprovação irrestrita. Mas o mundo, talvez hoje mais do que na época de Gladstone, fervilha de hipocrisia. Embora afirmemos preferir amor a poder, a forma como nos comportamos na esfera política de nossas vidas é testemunho do contrário.

Gladstone era qualificado para dizer o que dizia, e era sincero em suas palavras. Homem de fé e caráter, foi muito elogiado por sua integridade impecável em seus mais de sessenta anos de vida pública. Por quatro vezes primeiro-ministro, ainda está entre os poucos políticos que, de fato, "cresceram" no cargo. No início da década de 1830, foi eleito ao Parlamento como um protecionista ferrenho, inimigo de reformas e defensor do *status quo* estatista. Ao observar de perto o funcionamento real do governo, tornou-se um defensor apaixonado da liberdade. Quando faleceu em 1898, seus admiradores tinham orgulho de uma Grã-Bretanha fortalecida por seu legado de corte de impostos, burocracia e regulação intrusiva. Os irlandeses o amavam por ter lutado muito para restringir a influência de Londres sobre a vida irlandesa. O biógrafo Philip Magnus acreditava que Gladstone "tinha tido muito êxito em sua política de libertar o indivíduo de uma miríade de restrições obsoletas".

Gladstone sabia que amor e poder eram duas coisas diferentes, muitas vezes em desacordo. O amor tem a ver com afeição e respeito; o poder, com controle. Quem busca o poder sobre os outros em prol de seu progresso pessoal merece o esquecimento. Lorde Acton, amigo de Gladstone, alertou para o poder corruptor disso. Se existe amor nesses casos, é mais provável que seja amor por si próprio do que pelos outros.

Quando o amor verdadeiro é o motivador, as pessoas lidam entre si de forma pacífica. Usam a força apenas em autodefesa. Respeitam os direitos e as diferenças de cada um. Tolerância e cooperação governam suas interações.

Suponha que queiramos influenciar ou mudar o comportamento de outro adulto, ou queiramos dar a ele algo que cremos que deveria ter. A outra pessoa não nos fez nenhum mal e está em pleno controle de suas faculdades mentais. O amor requer que dialoguemos, façamos uma oferta ou negociemos de forma voluntária. O outro é livre para aceitar ou rejeitar nossas tentativas. Se não obtivermos sucesso, não contrataremos alguém para usar a força contra ele. "Viva e deixe viver", diziam os norte-americanos de outrora.

Iniciamos o uso da força (isto é, quando a autodefesa não está em jogo) quase sempre porque desejamos algo sem ter de pedir a permissão de seu dono. O norte-americano William Graham Sumner, comentarista social do século xix, lamentava a prevalência de motivações menos nobres quando escreveu: "A história está repleta de exemplos nesse sentido: homens lutam por poder sobre seus compatriotas para desfrutar as alegrias terrenas à custa dos outros, transferindo de seus ombros os fardos da vida para os ombros dos outros".

Adultos necessariamente exercem grande poder sobre bebês, cuja própria existência requer atenção constante, com um toque de carinho instintivo. Na adolescência, o papel do adulto se reduz à supervisão geral, na medida em que o filho ou filha toma mais suas próprias decisões e faz mais suas próprias escolhas. Por fim, a criança se torna um adulto capacitado a viver sua vida como desejar, assumindo todos os riscos e responsabilidades correspondentes.

Em famílias saudáveis, durante esse período de amadurecimento, o poder dos pais sobre os filhos retrocede, mas seu amor só cresce. De fato, a maioria das pessoas entende que, quanto mais você ama um filho, mais desejará que ele seja independente, autoconfiante e dono de si. Não é um sinal de amor tratar outro adulto como se ainda fosse um bebê sob o seu controle.

Um adulto maduro e responsável não busca poder indevido sobre outros adultos, nem deseja vê-los submetidos às fantasias controladoras de ninguém: esse é o significado tradicional da liberdade, e a razão para limitar a força do governo sobre nossas vidas. Numa sociedade livre, é o poder do amor — e não o amor pelo poder — que governa o nosso comportamento.

Considere o que fazemos em nossas decisões políticas atualmente — e a erosão lamentável da liberdade torna-se dolorosamente evidente. É um exemplo do crescimento do amor pelo poder sobre o poder do amor. Nós atribuímos poder aos governos federal, estadual e municipal sobre 40% de nossa renda, comparados a 7% no século passado. E muitos americanos parecem pensar que 40% ainda não são suficientes.

Não confiamos nas escolhas que os pais poderiam fazer num mercado educacional livre, então, forçamos aqueles que preferem opções privadas a pagar duas vezes: em mensalidade, pelas alternativas que escolhem, e em tributos, pelo sistema que desejam evitar.

Milhões de americanos pensam que o governo deveria impor uma vasta gama de programas e custos sobre seus cidadãos, de sistema público de saúde a creches, passando por arte e entretenimento subsidiados. Já sobrecarregamos nossos filhos e netos, a quem dizemos amar, com trilhões em dívida pública — tudo para que os líderes que elegemos e reelegemos pudessem gastar mais do que estamos dispostos a pagar.

Dizemos amar nossos compatriotas, porém concedemos ao governo mais poder sobre suas vidas, sonhos e carteiras. Criamos o que Margaret Thatcher ironicamente nomeou de "Estado-babá" para sermos manipulados, limitados e sufocados de boas intenções como se ainda fôssemos crianças.

RESOLUÇÕES PELA LIBERDADE

Se você acha que essa tendência pode seguir indefinidamente, que o poder é a resposta para nossos problemas, ou que amar o próximo significa reduzir suas liberdades, você é parte do problema. Se quiser ser parte da solução, considere adotar as seguintes resoluções para este e os próximos anos:

Prometo manter minhas mãos fora do bolso dos outros, deixar os outros em paz a menos que ameacem me fazer mal, assumir a responsabilidade por minhas próprias ações e não fazer que os outros paguem pelos meus erros.

Prometo fortalecer o meu caráter, tornando-me um modelo de integridade que amigos, familiares e colegas possam respeitar e emular.

Se eu tiver uma "boa ideia", prometo buscar apoio a ela por meio de persuasão pacífica e não da força. Não pedirei a políticos que a imponham sobre os outros só porque creio que seja boa para eles. Trabalharei para libertar meus concidadãos, confiando-lhes mais controle sobre suas próprias vidas.

Prometo oferecer ajuda a quem genuinamente precisar através do envolvimento direto ou do apoio indireto àqueles que fornecem assistência via instituições de caridade. Prometo não reclamar de um problema para, então, insistir que o governo o resolva pelo dobro do custo e metade da efetividade.

Prometo aprender mais sobre os princípios do amor e da liberdade, podendo, assim, defendê-los com convicção contra as ingerências do poder. Prometo que meu comportamento e meu voto serão consistentes com as minhas palavras. E prometo fazer o que puder para substituir o amor pelo poder pelo poder do amor.

Um grande desafio, certamente. Vamos começar!

Catão, o Jovem: ambição a serviço de princípios

NA OPINIÃO DE MUITOS HISTORIADORES, DOIS HOMENS são considerados os defensores mais notáveis da República Romana: Marco Túlio Cícero e Marco Pórcio Catão — ou "Catão, o Jovem".

Se houve um "Jovem", por lógica deve ter havido também um "Velho". Catão, o Velho, foi bisavô do "Jovem". Separados por mais de um século, ambos influenciaram positivamente a administração pública. Pense no "Velho" como um conservador, preocupado com a preservação dos costumes (e das tradições) de Roma. Pense no "Jovem", todavia, como um dos primeiros libertários da história, preocupado com a defesa das liberdades individuais e políticas por acreditar que, caso fossem perdidas, nada mais importaria. Neste ensaio, quando mencionar "Catão", estarei falando do "Jovem".

Na época do nascimento de Catão em 95 a.C., a República Romana já estava em apuros. Fundada quatrocentos anos antes, tinha saído da obscuridade e assumido a supremacia político-econômica do Mediterrâneo. Roma era, sem dúvida, a sociedade mais rica e poderosa do mundo. Não era um paraíso libertário — havia escravidão, sim, embora menos brutal do que em outros lugares —, mas tinha elevado a liberdade a um patamar nunca visto no mundo até então, e que só se veria novamente muitos séculos depois. A constituição da República incorporava limites de mandato; separação de poderes; sistemas de pesos e contrapesos; devido processo legal; *habeas corpus*; estado de direito; direitos individuais; e órgãos legislativos que representavam o povo, incluindo o famoso Senado. Tudo isso estava por um fio no século I a.C.

Catão tinha apenas cinco anos quando Roma entrou em guerra contra seus antigos aliados na península Itálica — a chamada "Guerra Social". Embora tenha durado apenas dois anos, seus efeitos deletérios foram grandes. As décadas seguintes ficaram marcadas pelo surgimento de facções, conflitos, e exércitos locais leais apenas aos seus comandantes, e não à sociedade como um todo. Um estado de "bem-estar" e guerra total crescia junto com Catão. As características do sucesso passado da República — governo limitado, responsabilidade pessoal e sociedade civil livre — estavam num processo lento e agonizante de colapso. Não obstante, muitos daqueles que identificaram a decadência ao seu redor preferiram beber da fonte governamental, sucumbindo às tentações do poder, dos subsídios ou de ambos.

Antes dos 30 anos, Catão já era reconhecido por sua disciplina, fiel ao estoicismo em todos os seus aspectos. Como tribuno militar na Macedônia, contava com imenso respeito e lealdade de seus soldados por seu exemplo diário de vida e trabalho. Primeiro, venceu a eleição para o cargo de questor (supervisor de questões financeiras e orçamentárias do Estado) em 65 a.C., e rapidamente conquistou a reputação de escrupulosamente meticuloso e inflexivelmente honesto. Nele, descobriu provas que responsabilizavam antigos questores por desonestidade e apropriação indevida de fundos.

Depois, Catão foi eleito para o Senado romano, onde nunca faltou a uma sessão e criticava duramente a ausência de alguns colegas. Dotado de magnífica oratória, em público, e de manobras primorosas, no privado, trabalhou incansavelmente para restaurar a confiança nos ideais da moribunda República.

Desde o mandato dos irmãos Caio e Tibério Graco no século anterior, cada vez mais romanos "votavam para viver" em vez de trabalhar para obter sustento. Os políticos compravam eleições com promessas caras de distribuição subsidiada ou gratuita de grãos. Catão notou as consequências devastadoras que essa forma cínica de demagogia gerava no caráter público, opondo-se a ela em um primeiro momento. A única vez que cedeu foi quando apoiou a expansão dos benefícios como a única forma de impedir a eleição de um demagogo chamado Júlio César. Foi uma tática que ele esperava ser temporária, mas que fracassou, sendo a única mancha em uma carreira política que, de resto, foi virtuosa e de princípios.

Foi a oposição firme e inflexível de Catão a Júlio César que o tornou mais notável. Catão viu nesse ambicioso general uma ameaça mortal à república, e tentou bloquear todas as suas resoluções. Tentou obstruir legislativamente a votação do pedido de candidatura de César ao posto de Cônsul. César chegou ao poder, mas enquanto lá esteve, Catão lhe fez oposição incansável. César até ordenou a retirada de Catão do Senado em meio a um dos seus discursos, ao que outro senador declarou, segundo o historiador Dião Cássio: "preferia estar na cadeia com Catão a estar no Senado com César".

No livro *Rome's Last Citizen: The Life and Legacy of Cato, Caesar's Mortal Enemy* ["O último cidadão romano: vida e legado de Catão, o inimigo mortal de César"], os autores Rob Goodman e Jimmy Soni salientam sua resistência implacável:

> Tinha sido um ano sem precedentes de obstrução e impasse, liderado por Catão. Nunca antes um senador impedira a aprovação de tantos projetos legislativos. Os contratos fiscais, o plano pós-guerra para o Leste, a reforma agrária, o triunfo de César (um caro espetáculo público), a reivindicação de um consulado forte, e do comando provincial por parte de César — Catão não tinha sido oposição solitária, mas era o responsável direto por todas as obstruções.

Catão atrapalhou a agenda ambiciosa de César, mas não conseguiu impedir sua nomeação pós-consular a governador de província. Nesse cargo, César reuniu suas tropas para atacar a própria República que tinha governado como cônsul. Em 49 a.C., cruzou o rio Rubicão e invadiu Roma, tomando o poder.

Como sinal de poder e grandeza, César poderia ter perdoado seu antigo adversário. Alguns historiadores modernos acreditam que essa era, de fato, a intenção de César, e que teria sido a coisa politicamente mais certa a fazer. Citando, novamente, Goodman e Soni:

> No entanto, Catão não brindaria César com seu silêncio; ele tinha outros planos. Jamais reconheceria a legitimidade de um tirano ao aceitar o seu poder de perdão. Catão entendia que César violava a lei até mesmo ao conceder perdões, já que não o fazia amparado apenas em sua autoridade. Aceitar o perdão seria conceder a César o direito de perdoar, e Catão não faria isso.

Assim, em abril de 46 a.C., na região de Útica, usando sua própria espada, Catão cometeu suicídio, preferindo isso a viver sob o domínio de um homem cuja sede de poder estava prestes a sepultar a antiga República. Enquanto Catão viveu, escrevem Goodman e Soni, "todo romano que temia o desaparecimento das virtudes tradicionais, que via a crise do Estado como uma crise moral — produto da avareza e da ambição desmedida — inspirava-se, na época, na figura de Catão".

Com a morte de Cícero três anos depois, sob as ordens do sucessor de César, Marco Antônio, a República morreu e a ditadura do Império teve início.

Mais de dezessete séculos depois, em abril de 1713, estreou em Londres a peça *Cato: A Tragedy* ["Catão: a tragédia"], de Joseph Addison. Retratando o antigo romano como um herói da liberdade republicana, teve muito sucesso nas décadas seguintes no Reino Unido e nos Estados Unidos. George Washington ordenou que fosse encenada para suas tropas enlameadas em Valley Forge durante o terrível inverno de 1777-1778. O Congresso tinha proibido a exibição da peça, pensando que seu final infeliz baixaria o moral das tropas, mas Washington sabia que a resistência de Catão à tirania seria de grande inspiração. E, de fato, foi.

"Poucos líderes colocaram a ambição de forma tão clara a serviço dos princípios", escrevem Goodman e Soni. "Estas foram as qualidades que separaram Catão de seus contemporâneos — e que o fizeram ser lembrado pela posteridade."

Colocar a ambição a serviço de princípios, e não em prol da glória, riqueza ou poder pessoal: essa é uma virtude à qual todo político — em qualquer aspecto de sua vida — deveria aspirar.

Cícero: Inimigo do Estado, amigo da liberdade

PERGUNTA: SE VOCÊ PUDESSE VOLTAR NO TEMPO E escolher dez pessoas para conversar em privado, quem você escolheria?

Minha lista não é exatamente a mesma de um dia para o outro, mas alguns nomes sempre estão presentes. Um deles é Marco Túlio Cícero. Ele foi o cidadão mais notável, o orador mais eloquente e o escritor mais talentoso da maior civilização antiga, Roma. Foi cônsul, além de ocupar outros cargos públicos importantes. Mais do que qualquer outro, Cícero introduziu em Roma as melhores ideias dos gregos. É a figura histórica antes de 1000 a.C. com o maior número de trabalhos — discursos e cartas — que sobreviveram até os dias de hoje. Mais importante ainda, dedicou sua vida à paz e à liberdade, como o maior defensor da República romana antes de ela se tornar um Estado de bem-estar e de guerra.

Jim Powell, pesquisador do Cato Institute, abre o seu livro *The Triumph of Liberty: A 2,000-Year History, Told Through the Lives of Freedom's Greatest Champions* ["O triunfo da liberdade: 2000 anos de história contada por meio das vidas dos maiores defensores da liberdade"] com um capítulo dedicado a esse herói romano, contando com uma merecida homenagem: "Cícero instigou as pessoas a pensarem juntas. Ele foi paladino da decência e da paz, refletindo profundamente sobre as ideias da liberdade. Em uma época em que era perigoso se expressar, ele corajosamente denunciou a tirania e manteve acesa a chama da liberdade por mais de dois mil anos".

Quem *não* gostaria de conversar com esse homem?

Nascido em 106 a.C. em Arpino, Itália, cerca de 96 km a sudeste de Roma, Cícero começou a praticar advocacia aos 20 anos. Seu caso mais famoso, e que ele venceu, foi a defesa de um homem acusado de assassinar o pai. Seu cliente foi absolvido porque Cícero convenceu o júri de que os reais assassinos estavam intimamente ligados a altos oficiais públicos de Roma. Foi a primeira — mas não a última — vez que se colocou em situação de risco pelo que acreditava ser o correto.

Em 70 a.C., dez anos após sua vitória, Cícero assumiu um papel incomum para ele — o de promotor público. Era um caso de corrupção que envolvia Caio Verres, o poderoso governador da Sicília. Sicilianos prejudicados acusaram Verres de abuso de poder, extorsão e fraude. As provas coletadas por Cícero pareciam esmagadoras, mas Verres tinha confiança de que sairia impune. O brilhante advogado de defesa, Quinto Hortêncio Hórtalo, era considerado à altura de Cícero. Verres e Hortêncio acreditavam que poderiam postergar o julgamento em alguns meses até que um aliado próximo se tornasse o novo juiz do tribunal de extorsão. Contudo, Cícero superou-os em todas as instâncias. Verres, praticamente admitindo sua culpa, fugiu para o exílio. Os discursos de Cícero contra ele — intitulados *In Verrem* — ainda são lidos em algumas faculdades de Direito.

Os eleitores romanos recompensaram Cícero com sucessivas vitórias para diversos cargos da hierarquia política romana. A nobreza aristocrática nunca o aceitou totalmente por ele pertencer a uma classe inferior na época, chamada *ordem equestre*. Ele alcançou o posto de co-cônsul em 63 a.C. aos 43 anos.

O consulado era o mais alto cargo da República, embora a autoridade sob a constituição romana fosse compartilhada por dois cônsules. Um poderia vetar as decisões do outro, e ambos eram limitados a um mandato único de um ano. O outro co-cônsul, Caio Antônio Híbrida, foi tão ofuscado pela eloquência e magnetismo de seu colega que hoje só é mencionado nas notas de rodapé da história. Em contraste, Cícero emergiu como o salvador da república em meio a uma conspiração espetacular para assassiná-lo.

O líder dessa grande conspiração foi um senador chamado Lúcio Sérgio Catilina. Descontente e sedento por poder, reuniu uma rede extensa de comparsas, entre eles alguns senadores. Seu plano era provocar uma insurreição em toda a Itália, invadir Roma com a ajuda de mercenários, assassinar Cícero e seu co-cônsul, tomar o poder e destruir toda forma de oposição. Cícero soube da conspiração e prosseguiu discretamente com suas investigações. Então, numa série de quatro discursos no Senado, com o próprio Catilina presente ao primeiro, revelou a verdade. O grande orador impactou o Senado com estas linhas iniciais e a acusação séria que se seguiu a elas:

> Até quando, ó Catilina, abusará de nossa paciência? Por quanto tempo há de zombar de nós com essa sua loucura? A que extremos se há de precipitar a sua audácia sem freio?

Antes que Cícero terminasse, Catilina fugiu. Ele reuniu seu pequeno exército, porém foi morto em batalha. Outros conspiradores foram revelados e executados. Cícero, a quem o Senado tinha concebido poderes emergenciais, prontamente restaurou a República — e por isso recebeu o título honorário de *Pater Patriae* (Patrono da Pátria).

Mas a Roma da época da conspiração de Catilina não era a Roma de três séculos antes, quando honra, virtude e caráter eram as palavras-chave dessa civilização. Na época de Cícero, Roma já estava tomada pela corrupção e luta pelo poder. A aparência externa de uma república era diariamente solapada por revoltas civis e crises internas no seio do Estado. Muitos que pregavam os valores republicanos em público, conspiravam em privado para manter seu poder e suas riquezas por meio de conexões políticas. Outros foram subornados com subsídios governamentais. A República respirava por aparelhos, e a voz de Cícero foi logo silenciada por uma onda crescente de intrigas políticas, violência e apatia popular.

Em 60 a.C., Júlio Cesar (então senador e general com muitas ambições) tentou convencer Cícero a se unir a uma poderosa aliança que ficou conhecida como Primeiro Triunvirato. No entanto, os valores republicanos de Cícero o levaram a rejeitar a oferta. Menos de cinco anos depois de acabar com a conspiração de Catilina, ele se viu do lado errado da intriga senatorial. Seus oponentes políticos se uniram contra ele, resultando num breve exílio no norte da Grécia.

Ele regressou como herói e se retirou da vida política, dedicando-se aos seus escritos. Nas décadas seguintes, presenteou o mundo com belas obras filosóficas e literárias, sendo *De Officiis* ["Dos deveres"] uma de minhas favoritas. Nela, escreveu: "O propósito principal da criação de Estados e ordens constitucionais era proteger os direitos de propriedade do indivíduo [...]. É a prerrogativa principal do Estado e da cidade garantir a todo homem o controle total de sua propriedade".

No entanto, a política não o deixaria em paz. A rivalidade entre César e Pompeu se transformou em guerra civil. Relutante, Cícero apoiou Pompeu, que ele considerava o menor de dois males e menos perigoso para a república. Infelizmente, César venceu Pompeu, que foi morto no Egito, e intimidou o Congresso a nomeá-lo ditador vitalício. Um mês depois, César foi assassinado no Senado por forças republicanas. Quando Marco Antônio tentou assumir o posto deixado por César, Cícero liderou novamente as forças republicanas, proferindo uma série de 14 discursos poderosos conhecidos na história como *Filípicas*.

A oratória de Cicero nunca fora tão contundente. Com a república por um fio, jogou o papiro na cara de Marco Antônio. Este, Cícero declarou, nada mais era do que um tirano sanguinário. "Eu lutei pela república em minha juventude", disse ele. "E não a abandonarei em minha velhice. Desviei das adagas de Catilina; não tremerei diante das suas. Pelo contrário, exporei voluntariamente meu corpo a elas, se, pela minha morte, a liberdade da nação puder ser recuperada e a agonia do povo romano puder ser extinta."

Antônio e outros conspiradores declararam Cícero inimigo do Estado, enviando Herênio para assassiná-lo. Em 7 de dezembro de 43 a.C., o assassino encontrou seu alvo. O grande estadista deixou seu pescoço à vista e encarou o assaltante com estas últimas palavras: "Não há nada apropriado no que está prestes a fazer, soldado, mas tente fazê-lo da forma apropriada".

Com um único golpe, Cícero foi decapitado, e a vida do último grande obstáculo à ditadura foi extinto. Naquele momento, falecia também uma república de quinhentos anos, substituída por uma autocracia imperial. A liberdade romana era coisa do passado. Por ordens de Marco Antônio, as mãos e a cabeça de Cícero foram cortadas e pregadas no púlpito do Fórum Romano. A mulher de Marco Antônio arrancou pessoalmente a língua de Cícero e, por ódio contra sua oratória, perfurou-a repetidamente com seu alfinete de cabelo.

Powell escreve em *The Triumph of Liberty* ["O triunfo da liberdade"] que, um século após esse terrível evento, o escritor romano Quintiliano declarou que Cícero não foi "o nome de um homem, mas o da própria eloquência". Treze séculos depois, quando a impressora foi inventada, o primeiro livro impresso foi a *Bíblia de Gutemberg,* mas o segundo foi *Dos deveres* de Cícero. Mais três séculos e Thomas Jefferson chamou Cícero de "o primeiro mestre do mundo". E John Adams proclamou: "Nenhuma outra era da história humana produziu um estadista e filósofo maior que Marco Túlio Cícero".

Alguns podem dizer que os esforços de Cícero para salvar a República Romana foram, pelo menos em retrospectiva, uma grande perda de tempo. Ele dedicou sua vida a um ideal que foi capaz de defender consistentemente por apenas algumas décadas.

Mas se eu pudesse conversar com Cícero, eu o agradeceria. Gostaria que ele soubesse que continua sendo uma grande inspiração para os defensores da liberdade mais de 2000 anos após sua morte. Compartilharia com ele um dos comentários favoritos sobre seu heroísmo, do cineasta e produtor Joss Whedon: "O diferencial do herói é que, mesmo quando parece não haver luz no fim do túnel, ele continua a cavar, tentando fazer o certo para recuperar o tempo perdido, simplesmente porque é quem ele é".

E Cícero foi *exatamente* esse tipo de herói.

Frédéric Bastiat: o contador de histórias da liberdade

"ÀS VEZES, LUTAR CONTRA O MAL É MAIS IMPORTANTE do que derrotá-lo", escreveu o romancista N. D. Wilson. "Os maiores heróis perseveram porque é o correto a fazer, não porque acreditam que sairão vivos da batalha. Essa coragem abnegada é por si só uma vitória."

Nos últimos anos de sua vida, ceifada precocemente pela tuberculose, o pensador liberal clássico Frédéric Bastiat escreveu milhares de livros e ensaios em defesa do livre mercado e da liberdade dos povos. Ele era um gigante comparado aos intelectuais e políticos arrogantes de sua França, a maioria intelectualmente presa à antiga tradição francesa de planejamento central da economia.

"Vida, liberdade e propriedade não existem por causa de leis", afirmava. "Pelo contrário, é a existência do direito à vida, à liberdade e à propriedade que levou os homens a fazerem leis."

Bastiat foi também quem descreveu de forma mais sucinta o aparato redistributivo do governo: "O Estado é a grande ficção pela qual todo mundo vive à custa de todo mundo".

Se um prêmio Nobel póstumo fosse concedido por escrita clara e narrativa cativante em economia, ninguém seria mais merecedor do que Bastiat. Isto é o mais lamentável de sua curta passagem pela Terra: enquanto viveu e após sua morte, os franceses nunca tiveram a sabedoria coletiva de lhe conceder a honra e a atenção que merecia. Sua coragem abnegada de expressar verdades irrefutáveis e atemporais, enquanto quase todos os que o rodeavam chafurdavam em falácias, foi uma grande vitória moral.

Bastiat nasceu na vila portuária de Bayonne, na Baía de Biscaia, sul da França. Tinha apenas 14 anos quando a derrota francesa em Waterloo pôs fim à ditadura de Napoleão Bonaparte, recolocando a velha monarquia no poder.

Aos 17 anos, Bastiat já trabalhava no negócio de exportação da família e foi aí que vivenciou em primeira mão a loucura do protecionismo e de outras restrições comerciais destruidoras de riqueza impostas pelo governo francês. A respeito desse período da vida de Bastiat, o economista Jim Powell escreve:

> Embora não quisesse uma carreira no comércio, tinha interesse em sua influência civilizatória, bem como pelos prejuízos das leis sobre as pessoas. Bastiat observou, por exemplo, como a tarifa francesa de 1816 sufocou o comércio de Bayonne, resultando em armazéns vazios e docas paradas.

Em 1819, o governo impôs duras tarifas sobre milho, carne e açúcar, fazendo os pobres sofrerem desnecessariamente com os altos preços dos alimentos. Tarifas elevadas sobre o algodão inglês e suíço levaram ao contrabando generalizado.

Ao herdar os bens de seu avô em 1825, Bastiat pôde dedicar tempo considerável à reflexão, leitura e debate com amigos, o que algum tempo depois se traduziu na inteligência e sabedoria de uma pena prolífica. Foi eleito para dois cargos públicos menores no início dos anos 1830: juiz de paz e deputado do condado.

Bastiat publicou seu primeiro artigo em 1844. Aos 43 anos, já entendia a realidade econômica melhor do que pessoas muito mais velhas que ele, e sabia como explicá-la em linguagem corriqueira e popular, com clareza inata que fluía de sua apresentação lógica e ordenada. Nada do que ele escrevia era pomposo, técnico ou artificial; Bastiat preferia ser conciso e direto ao ponto. Até hoje, ninguém consegue ler suas obras e se perguntar: "Do que ele está falando?".

Ele era firme em sua oposição ao governo ilimitado. "Não é verdade", ele escreveu, "que a função da lei seja regular nossa consciência, nossas ideias, nossos desejos, nossa educação, nossas opiniões, nosso trabalho, nossas trocas, nossos talentos e nossos prazeres. A função da lei é proteger o livre exercício desses direitos a todas as pessoas, sem exceção".

David Hart é editor do Liberty Fund e responsável pela tradução ao inglês da obra *The Collected Works of Frédéric Bastiat* ["As obras completas de Frédéric Bastiat"]. Ele escreve:

Bastiat pensava que o Estado burocrático e regulatório moderno de seu tempo era baseado, por um lado, numa mistura de coerção e violência total e, por outro, de corrupção e falácias (sofismas). A violência e a coerção tomavam a forma de tributos, tarifas e regulações impostas sobre os contribuintes, comerciantes e produtores; a dimensão ideológica que mantinha a classe atual de saqueadores advinha de um novo conjunto de sofismas "políticos" e "econômicos" que confundiam, desorientavam e ludibriavam uma nova geração de "ignorantes" a apoiar o sistema. Segundo Bastiat, a ciência da economia política deveria ser o meio pelo qual os sofismas econômicos do presente seriam expostos, refutados e, por fim, rejeitados, privando a classe exploradora atual de sua sobrevivência e poder.

Hoje em dia, a economia pode ser chata e sem vida, repleta de verborragia e matemática presunçosa. Bastiat provou que a economia não precisa ser assim, ou, pelo menos, que suas verdades fundamentais podem ser vivas e inesquecíveis. Na literatura, acreditamos que uma boa narrativa é uma arte e pode ser uma ferramenta poderosa de entendimento. Bastiat era capaz de contar uma história que trespassava o leitor com seu brilhantismo. Ideias equivocadas não eram páreo para suas histórias.

Uma de suas analogias mais memoráveis é "A petição dos fabricantes de velas", em que os fabricantes de velas se dirigem ao governo para protestar contra "a concorrência desleal de um rival estrangeiro que se beneficia de condições muito superiores às nossas para a produção de luz, com a qual inunda completamente o nosso mercado nacional a um preço fabulosamente baixo".

Esse rival é o sol, que provê luz gratuitamente em concorrência direta com os fabricantes de velas. Bastiat astutamente demoliu a "solução" proposta pelos protecionistas — proibir janelas ou exigir que fossem pintadas de preto — e explicou que é vantajoso para a sociedade aceitar toda luz gratuita que puder, utilizando os recursos que de outra forma seriam gastos em velas para atender a outras demandas.

Argumentos protecionistas como o dos fabricantes de velas sofreram duros ataques de Bastiat. Por que dois países que cavam um túnel através de suas montanhas para facilitar o turismo e o comércio deveriam mitigar suas vantagens comparativas ao impor tributos onerosos em ambas as fronteiras? Se um exportador vende seus bens no exterior por mais do que valem internamente e, então, com as receitas do negócio importa bens valiosos para sua pátria, por que alguém em sã consciência condenaria essas transações por gerarem "déficit" na balança comercial? Se você é protecionista antes de ler Bastiat, ou se arrependerá após a leitura ou continuará na escuridão, sem desculpa de não ter sido instruído de acordo.

O ensaio de Bastiat "O que se vê e o que não se vê" de 1850 introduziu sua famosa parábola da vitrine quebrada. É uma exposição brilhante do que seria posteriormente conhecido como "custo de oportunidade", um conceito-chave na economia. Se um vândalo quebra a vitrine de uma padaria, a economia em geral não será "estimulada" porque o padeiro terá de contratar um vidraceiro. Menos visível, porém igualmente real, é o fato de que, para substituir o vidro quebrado, o padeiro precisará cancelar a compra daquele terno que tanto queria. O ato de destruição significa um ganho para o vidraceiro, mas ele é mais do que neutralizado em termos econômicos pelas perdas financeiras do padeiro e do alfaiate.

Bastiat passou os últimos dois anos de sua vida nas Assembleias Constituinte e Legislativa da França, onde trabalhou incansavelmente para convencer seus colegas sobre o mérito da liberdade e do livre mercado. Eles provaram ser uma plateia teimosa. A maioria estava mais interessada em satisfações egoístas e efêmeras (poder, dinheiro, reeleição e a distribuição de favores a amigos) do que em verdades eternas.

Ele era brilhante em suas denúncias contra colegas com poder político que presumiam ter a capacidade de controlar a vida dos outros, como nessa admoestação:

> Ah, suas criaturas miseráveis! Vocês, que se acham tão bons! Vocês, que desprezam a humanidade. Vocês, que desejam reformar tudo! Por que não se reformam a si próprios? Essa tarefa já seria mais do que suficiente.

Ou nesta, a minha favorita:

> Se as tendências naturais da humanidade são tão ruins a ponto de não ser seguro permitir que as pessoas sejam livres, como podem as tendências desses planejadores sempre serem boas? Os legisladores e seus assecias não

pertencem à raça humana? Ou creem ser feitos de uma argila mais fina do que a do resto da humanidade?

Sua obra mais famosa é *A lei*, publicada no ano de sua morte. Se a leitura dessa obra fosse obrigatória nas escolas, transformaria o mundo, assim como abriu mentes e revolucionou vidas por muitas décadas.

Inspirado por *A lei* e outras contribuições de Bastiat, uma "rede de empresários íntegros" hoje leva o seu nome: The Bastiat Society.

O mundo no século XXI está repleto de falácias econômicas que, em sua maioria, nada são além de versões modernas daquelas demolidas por Bastiat no século XIX. As respostas aos problemas gerados por essas falácias não estão em propostas que dão poder à burocracia enquanto impõem regulações tortuosas sobre o comportamento dos indivíduos. É muito mais provável que estejam nos princípios profundos e permanentes que Frédéric Bastiat tanto fez para iluminar, que recebem um belo tributo nas palavras de Powell:

> Assim, o frágil francês cuja carreira pública durou apenas seis anos, menosprezado como mero popularizador e negligenciado como sonhador e ideólogo, estava certo. Mesmo antes de Karl Marx escrever o *Manifesto Comunista*, Frédéric Bastiat já sabia que o socialismo estava condenado. Marx recomendava uma grande expansão do poder governamental para tomar terras, bancos, ferrovias e escolas privadas, enquanto Bastiat alertava com razão que o

poder governamental era um inimigo mortal. Ele declarava (novamente) com razão que a prosperidade é, em todo lugar, consequência do trabalho de pessoas livres. Ele defendia que a única forma significativa de garantir a paz é pela proteção da liberdade humana via limitação do poder governamental, e nisso estava certo novamente. Bastiat mostrou o caminho, mantendo-se firme mesmo sendo uma voz isolada na multidão. Demonstrou um espírito generoso, compartilhou *insights* épicos, deu asas às ideias e dedicou sua vida pela liberdade. Ele conquistou seu lugar entre os imortais.

Jesse Owens: "Caráter faz a diferença em situações limite"

JAMES CLEVELAND "JESSE" OWENS É FAMOSO POR TER conquistado quatro medalhas de ouro em 1936, nos Jogos Olímpicos de Berlim. Mas para todo americano que conhece a história olímpica de seu país, esse afro-americano fez mais do que vencer corridas: ele lutou contra o racismo.

Quando Owens faleceu, em 1980, aos 66 anos, o presidente Jimmy Carter prestou esta homenagem a ele:

> Talvez nenhum atleta tenha simbolizado melhor o esforço humano contra a tirania, a pobreza e o preconceito racial. Seus triunfos pessoais como atleta de elite e recordista mundial eram o prenúncio de uma carreira dedicada a ajudar os outros. Seu trabalho com jovens atletas, como embaixador internacional não oficial e como porta-voz da liberdade são um rico legado para seus compatriotas.

As palavras de Carter foram muito adequadas frente a um triste fato na vida de Owens: imperdoavelmente, um ex-presidente norte-americano o havia esnobado.

Nascido no Alabama em 1913, James Owens mudou-se aos nove anos com sua família para uma cidade em Ohio que levava seu nome do meio, Cleveland. Sua primeira professora na escola perguntou o seu nome. Com seu forte sotaque sulista, respondeu "J. C. Owens". Ela ouviu "Jesse", e assim ficou: esse foi o nome que o acompanhou pelos 57 anos seguintes.

Jesse corria como o vento e saltava como um canguru. Ele quebrou os recordes escolares de salto em altura e de salto em distância. No ensino médio, venceu toda grande competição de atletismo em que participou, empatando ou quebrando recordes mundiais nos 100 e 200 metros e registrando um novo recorde mundial no salto em distância. Muitas universidades lhe ofereceram bolsas de estudo, mas ele recusou todas e escolheu a Ohio State, que não concedia bolsas de atletismo na época.

Imagine. Você vem de uma família relativamente pobre. Você poderia ir para a faculdade que quisesse sem pagar quase nada, porém escolhe justamente a opção paga. Aos 21 anos, você também tem uma família para sustentar. Então, o que faz? Se você é Jesse Owens, você trabalha como frentista num posto de gasolina, como garçom, como ascensorista, como assistente de biblioteca e como mensageiro da assembleia de Ohio durante a graduação. Owens trabalhou, estudou, treinou atletismo e quebrou ainda mais recordes durante seu tempo na osu.

Sua biografia conta uma história surpreendente ocorrida em 1935:

> Jesse deu ao mundo uma amostra do que viria a ocorrer em Berlim enquanto disputava o Big Ten Championships em Ann Arbor, em 25 de maio de 1935, onde bateu três recordes mundiais e empatou num quarto, tudo isso num espaço de 45 minutos. Jesse não tinha certeza se conseguiria participar do evento, pois estava sofrendo com fortes dores nas costas por ter caído um lance de escadas. Ele convenceu seu técnico a permitir que corresse os 100 metros rasos como um teste para as costas e, surpreendentemente, alcançou o tempo oficial de 9,4 segundos, empatando novamente com o recorde mundial. Apesar da dor, seguiu firme, participando de três outros eventos, estabelecendo recordes mundiais nos três. Em menos de 45 minutos, Jesse tinha realizado o que muitos especialistas ainda consideram o maior feito atlético da história — estabelecer três recordes mundiais, empatando num quarto, em quatro eventos extenuantes de atletismo.

Ohio não fazia parte do Sul Profundo; mas, na metade da década de 1930, tampouco era um paraíso de igualdade racial. A OSU obrigou Owens e outros atletas negros a viverem juntos fora do campus. Eles tinham que pedir comida para viagem ou comer em restaurantes "só para negros", permanecendo em hotéis separados quando viajavam com a equipe.

Os olhos do mundo estavam focados em Berlim no início de agosto de 1936. Cinco anos antes da chegada dos nazistas ao poder, a capital alemã tinha sido escolhida como a sede dos Jogos Olímpicos de 1936. O esforço para boicotá-los devido ao racismo de Hitler não tinha funcionado. Passaram-se mais alguns anos antes que acontecimentos convencessem o mundo das intenções malignas do ditador nacional-socialista. Jesse Owens entrou na competição levando consigo a esperança de muitos americanos que, no entanto, se perguntavam como Hitler reagiria se a "superioridade ariana" não se comprovasse nas pistas.

Jesse não foi a Berlim com intenções políticas. "Eu não queria me meter nisso", disse ele. "Eu não estava em Berlim para competir com qualquer outro atleta. O propósito dos Jogos Olímpicos, afinal, era os atletas fazerem o seu melhor. Como aprendi muito tempo atrás [...], a única vitória que conta é a vitória sobre si mesmo."

Se daqui a cem anos apenas um nome for lembrado entre os que competiram nos jogos de Berlim, certamente será o de Jesse Owens.

Owens venceu os 100 metros rasos, o salto em distância, os 200 metros rasos e o revezamento 4 x 100, tornando-se o primeiro americano a ganhar quatro medalhas de ouro numa única Olimpíada. Owens acenou para Hitler e Hitler acenou de volta, mas expressou seu incômodo em particular a seu comparsa nazista Albert Speer, dizendo que os negros não deveriam mais ter permissão para disputar os jogos.

Uma história paralela da experiência de Owens em Berlim foi de sua amizade com um competidor alemão chamado Lutz Long. Um homem decente, Long não exibia animosidade racial, oferecendo até mesmo dicas que se provaram úteis para Owens ao longo da competição. Sobre Long, Owens diria posteriormente a um repórter:

> Ele teve muita coragem em conversar comigo diante de Hitler [...]. Você pode derreter todas as medalhas e os troféus que conquistei, mas nunca valeriam o mesmo que a amizade de 24 quilates que cultivei com Long naquele momento. Hitler deve ter ficado chocado com nosso abraço. A parte triste da história é que nunca mais vi Long. Ele foi morto na Segunda Guerra Mundial.

Ao voltar aos EUA, desfiles em carro aberto festejaram Owens em Nova York e em Cleveland. Centenas de milhares de americanos foram às ruas. Cartas, ligações e telegramas chegaram de todos os lugares do mundo para felicitá-lo. De certo homem importante, porém, ele não recebeu uma única palavra de reconhecimento. Como Owens diria posteriormente, "Hitler não me esnobou; Roosevelt, sim. O presidente não enviou nem mesmo um telegrama".

Franklin Delano Roosevelt, líder de um partido político com raízes racistas, não conseguiu expressar nenhuma palavra de apoio, fato que pode ter sido decisivo para o apoio de Owens ao republicano Alf Landon na campanha presidencial de 1936. Roosevelt recebeu todos os atletas olímpicos brancos dos EUA na Casa Branca, mas não Jesse.

"Tudo passa tão rápido, e o caráter faz a diferença em situações limite", certa vez disse Owens a respeito das competições atléticas. Ele poderia ter ensinado algumas lições de caráter a FDR, mas o presidente nunca lhe deu a oportunidade. Owens não foi convidado à Casa Branca por quase vinte anos — não até Dwight Eisenhower nomeá-lo "Embaixador dos Esportes", em 1955.

A vida de Jesse Owens depois dos Jogos Olímpicos não foi sempre fácil. Quando quis ganhar dinheiro com patrocínios, oficiais esportivos retiraram seu status de amador. Sem ofertas comerciais, foi forçado a pedir falência. A discriminação racial ainda persistia. Contudo, nos últimos trinta anos de sua vida, até sua morte, em 1980, por câncer de pulmão, descobriu que ajudar jovens carentes lhe dava mais satisfação pessoal do que suas medalhas.

Larry Cooper: nunca é tarde para ter caráter

EM UM DIA FATÍDICO QUE JAMAIS ESQUECEU, LAWRENCE ("Larry") Cooper, um jovem negro solteiro, de 18 anos, que tinha abandonado a escola, cometeu um crime. Era abril de 1987, e ele tentou assaltar uma loja à mão armada no centro de Savannah, Geórgia. A quantia envolvida? Meros US$ 80, o suficiente na época para financiar mais um dia de seu vício em cocaína. Pego em flagrante, foi enviado para uma prisão de segurança máxima.

Um mês após a prisão, nasceu seu filho. O garoto não veria seu pai até o fim da sentença, em novembro de 2015.

"Não estive presente nem para assinar a certidão de nascimento", Larry me contou no mês passado.

Capítulos lamentáveis como os da história de Larry Cooper são perturbadoramente comuns nos Estados Unidos.

Hoje, o número de negros encarcerados gira em torno de 750 mil. Esse número é maior do que o somatório das populações prisionais de Índia, Argentina, Canadá, Líbano, Japão, Alemanha, Finlândia, Israel e Inglaterra combinados. Em agosto de 2013, um relatório da *Sentencing Project on Racial Disparities in the United States Criminal Justice System* ["Projeto de Penas sobre Disparidades Raciais no Sistema de Justiça Criminal dos Estados Unidos"] revelou que "um a cada três homens negros nascidos hoje tem a probabilidade de ser preso ao longo da vida".

A principal causa de prisão de homens negros são delitos menores envolvendo drogas. Isso não é acidente. Como John Ehrlichman, conselheiro de política doméstica de Richard Nixon e conspirador no caso Watergate, revelou numa entrevista de 1994:

> Sabíamos que era impossível tornar ilegal ser pacifista ou ser negro; porém, ao fazer o público associar os hippies com a maconha e os negros com a heroína, criminalizando ambos com o máximo rigor da lei, poderíamos atacar essas comunidades. Poderíamos prender seus líderes, invadir suas casas, pôr fim às suas reuniões e vilipendiá-los nos noticiários. Sabíamos que estávamos mentindo sobre as drogas? É claro que sim.

Outras causas comuns são acusações falsas, seguidas de crimes contra pessoas e contra a propriedade. De forma convincente, o economista Thomas Sowell argumenta que o comportamento genuinamente criminoso — as violações contra pessoa e propriedade — tem muito menos a ver com racismo e pobreza, e muito mais a ver com políticas debilitantes e desestabilizadoras de famílias propostas pelo Estado de bem-estar social. (E não ajuda o fato de que famílias pobres da periferia estejam condenadas a escolas públicas precárias.) Sowell observa:

> As taxas de homicídio entre homens negros estavam caindo — repito, *caindo* — durante a tão lamentada década de 1950, ao passo que cresceram muito — praticamente, duplicando — após a tão celebrada década de 1960. Antes disso, a maioria das crianças negras era criada em famílias biparentais. Hoje, a grande maioria é criada em famílias monoparentais. Essas tendências não se aplicam apenas aos negros, nem apenas aos Estados Unidos. No mesmo período, o Estado de bem-estar social levou a resultados similares entre as classes inferiores da Inglaterra [...]. Você não pode pegar qualquer povo, não importando a cor, e isentá-lo dos requisitos da civilização — inclusive trabalho, padrões comportamentais, responsabilidade pessoal e coisas básicas que a talentosa *intelligentsia* desdenha — sem gerar consequências nefastas a ele, bem como à sociedade em geral.

Larry Cooper foi parte dessa estatística trágica. Hoje, porém, ele está comprometido com uma vida de honra e redenção. Não tenho como prever seu futuro, mas vejo nele um herói em potencial. Simbólico de sua determinação a viver uma vida correta, ele me aconselhou fortemente, quando revisou o artigo: "Lawrence Cooper está morto. Eu sou Larry Cooper agora." Então, essa será a última vez que escreverei o nome "Lawrence" neste artigo.

Crescendo em Savannah nos anos 1970 e 1980, Larry enfrentou os desafios impostos pela fragmentação familiar.

"Meu pai teve 33 filhos com seis ou sete mulheres diferentes", contou-me numa entrevista, enquanto tomávamos café.

"Meus pais se separaram cedo; logo, tive pouco contato com meu pai. Eu o via talvez duas vezes ao ano."

Na adolescência, Larry começou a faltar às aulas, a roubar, a fumar maconha e, então, a usar cocaína.

"Abandonei a escola aos 16 anos, e isso destroçou o coração de minha mãe", disse ele. Ela implorou que ele encontrasse um emprego. Larry aceitou um emprego de jardineiro, porém só ficou nele por uma semana, e logo voltou às ruas.

Sempre com más companhias e preso a um círculo vicioso de uso de drogas e roubo para financiá-lo — tendo apenas uma mãe desolada para lhe dar apoio — Larry caminhava para a destruição. Dois anos depois, suas escolhas ruins cobraram seu preço, quando foi condenado a dez anos de prisão por assalto à mão armada. Mas as coisas ainda piorariam muito antes de melhorar.

Mau comportamento somado a brigas internas levaram ao aumento de sua pena para um total de 28 anos. Ele entrou aos 18 e saiu aos 47 anos. Será preciso mais uma década antes de ele poder afirmar que passou em liberdade o mesmo tempo que passou preso.

"Durante meu período de prisão", diz Larry, "pensei muito no que minha mãe tinha dito. Ela falava que esse seria meu destino caso eu não desse um rumo à minha vida. Ela rezava muito por mim e me visitava sempre que podia. Ainda me lembro da angústia que sentia quando vinha me visitar, mas era mandada embora porque eu estava isolado na solitária por mau comportamento. No entanto, ela nunca desistiu de mim."

Perguntei a Larry qual tinha sido o seu pior momento na prisão. Esperava que tivesse sido alguma briga com guardas ou colegas de cela, algum incidente feio de curta duração.

Sua resposta: "Sete anos confinado na solitária".

"*Sete* anos?", exclamei.

"Sim, e sempre com a mesma rotina: uma hora no pátio, 15 minutos no chuveiro e, então, 22 horas e 15 minutos na solitária", respondeu. "No início, fiquei desesperado. Mas, então, comecei a ler e escrever para conhecidos, fazer exercícios e refletir profundamente sobre o que tinha ocorrido comigo e o que faria com minha vida. Foram necessárias muitas horas de reflexão para finalmente perceber o sofrimento que eu tinha causado a tantas pessoas, inclusive amigos e familiares. Muitas das coisas que minha mãe tinha dito finalmente fizeram sentido para mim."

A mãe de Larry o tinha batizado, mas ele nunca havia dedicado tempo para ler mais do que algumas palavras da Bíblia — ou de qualquer livro. Um capelão da prisão lhe apresentou um curso de estudo bíblico por correspondência. Larry se inscreveu e o completou.

"Foi aí que minha vida realmente começou a mudar", disse ele. "Desde então, sou um homem diferente. Agora penso muito antes de agir. Não sou mais o homem que costumava ser."

A recuperação pessoal e espiritual de Larry já estava bem adiantada antes de nos conhecermos. Suas leituras o colocaram em contato com as ideias de liberdade política e econômica, a ponto de motivá-lo a escrever uma carta para o endereço de meu antigo empregador em Michigan, o Mackinac Center for Public Policy, pedindo mais informações. Meus antigos colegas então encaminharam sua carta para mim na FEE, o que iniciou uma troca de correspondências que hoje ocupa duas caixas de sapato na prateleira de meu escritório.

Nunca tinha pensado que me tornaria amigo de um presidiário. Nem saberia por onde começar. Se Larry não tivesse tomado a iniciativa de me contatar, essa amizade nunca teria se tornado realidade. Hoje a considero uma grande bênção em minha vida.

Confesso com remorso que Larry era muito mais rápido nas respostas.

"Eu tinha mais tempo livre", brinca ele.

De qualquer forma, fico feliz por tê-lo ajudado a aprofundar seu conhecimento sobre liberdade por meio do envio de muitos livros e artigos.

"Qual dos materiais que enviei gerou o maior impacto?"

Sem pensar duas vezes, ele respondeu: "Foi o seu livro *A Republic — If We Can Keep It* ['Uma república — se pudermos mantê-la'] e o outro foi *What It Means to Be a Libertarian*

[*'O que significa ser libertário'*] de Charles Murray". O leitor me perdoará se eu contar isso com um sorriso no rosto e muito orgulho.

Até a sua liberação, Larry e eu só tínhamos nos comunicado por cartas. Eu estava ansioso pelo dia quando finalmente poderia dirigir até Savannah para passar um tempo com ele. Eu nem sabia como era sua fisionomia, mas nos demos um abraço forte como se fôssemos irmãos.

Jantamos no restaurante Bonefish Grill, localizado na Abercorn Street, e depois assistimos ao fantástico filme *Race*, baseado na vida do atleta olímpico Jesse Owens. Na manhã seguinte, tomamos café e gravei uma entrevista com ele — que foi base para este artigo — antes de visitarmos a biblioteca pública na Bull Street, onde mostrei a ele como criar sua primeira conta de e-mail.

Aprendi muito com Larry durante aquela entrevista. Por exemplo, ele se opõe à guerra contra as drogas por um motivo até então desconhecido para mim: dentro da prisão, diz ele, "as drogas estão por todos os lados". Mas como chegavam lá?

"De várias formas", disse ele. "Funcionários e guardas trazem escondidas em suas mochilas; pessoas que jogam por cima dos muros."

É interessante ouvir as opiniões de Larry sobre os temas atuais, mas sua transformação é o que mais me cativa. Como diz a velha expressão: "amo finais felizes". A parte triste disso é que a mãe de Larry, um dos poucos pilares de sua vida, faleceu três meses antes de ele sair da prisão.

"No início, foi difícil aceitar", lembrou. "Ela estava contando os dias para me ver em liberdade, o que ocorreria logo após o do Dia de Ação de Graças de 2015. O Natal daquele ano foi muito difícil para mim, pois, em minha primeira ceia como homem livre em 28 anos, família e amigos se reuniram. Todo mundo estava lá, menos a mamãe. Precisei de muitos anos para entender a importância do caráter. Graças à mamãe e à minha fé, nunca mais o abandonarei.

O Exército da Salvação em Savannah generosamente ofereceu a Larry um lugar para morar e uma igreja para frequentar aos domingos, enquanto ele decide quais serão os seus próximos passos. Ele tem dois empregos: um deles numa famosa rede de alimentação, e outro numa empresa que agencia serviços temporários variados.

Ele não quer assistência governamental.

"Tento conquistar cada centavo que ganho", responde ele, orgulhoso. "Sou otimista e estou empolgado com meu futuro. Adoraria começar uma nova família.

"Quero provar a mim mesmo que posso ser um homem bom e independente, corrigindo meus erros. Encaro um dia por vez, mas me sinto muito bem."

Depois de tudo pelo que passou e com sua nova liberdade, existe a chance de recaída. Certamente ele tropeçará ao longo do caminho de recuperação. Espero tê-lo encorajado a seguir o caminho correto.

Existem muitas lições aqui: famílias sólidas e boa educação parental podem fazer toda a diferença. Construir um caráter capaz de superar as armadilhas da vida é um esforço valioso do qual nunca se arrependerá. Não subestime o valor de uma mãe que nunca desiste de seu filho. Por meio de transformação interna, nesse caso facilitada por uma renovação espiritual, mesmo o supostamente incorrigível pode dar a volta por cima. Nunca desperdice a oportunidade de encorajar alguém que já está tentando fazer a coisa certa.

Pretendo manter contato com Larry. Acompanharei seu progresso, ajudando nele sempre que puder. Ele já me ensinou uma verdade valiosa: que heróis não são sempre aqueles que aparecem nos noticiários ou nos livros de história. Eles podem estar do outro lado de um muro.

Edmund Burke: eloquência e convicção

MURRAY ROTHBARD, UM ECONOMISTA DA ESCOLA Austríaca e aluno de Ludwig von Mises, considerava Edmund Burke, em sua juventude, como um libertário e até mesmo um anarquista filosófico. Russell Kirk, o renomado homem das letras e autor de *A mente conservadora*, via Burke como pai do movimento conservador moderno.

Rothbard e Kirk discordavam em muitas coisas, mas nisso concordavam: Edmund Burke foi um dos maiores pensadores políticos dos últimos trezentos anos, com quem os defensores da liberdade têm um grande dívida.

Burke nasceu em 1729 na cidade de Dublin, Irlanda. Aos 30 anos, já tinha reputação de grande escritor e comentarista político. Quando se mudou para a Inglaterra em 1750 para cursar Direito, já se considerava pelo menos tão britânico quanto irlandês. Ali iniciou uma longa carreira como membro do Partido Whig na Câmara dos Comuns, em 1766, e o primeiro grande problema que analisou foi a crise iminente com as colônias americanas. O historiador Jim Powell escreve:

> Burke não era um grande orador — na verdade, seus discursos, que às vezes duravam três horas, esvaziavam os bancos do Parlamento. Com seu profundo conhecimento de história, Burke desenvolveu uma perspectiva valiosa que alimentou seu amor pela escrita. Ele defendeu a tolerância religiosa com os católicos irlandeses. Ele apoiou o livre comércio. Ele pediu o fim do sigilo dos procedimentos parlamentares. Ele expressou seu ultraje quando uma multidão assassinou dois homens acusados de relacionamento homossexual. Ele defendeu o direito dos eleitores de Middlesex de escolherem seu representante, o radical John Wilkes [...]. Além disso, se opôs a esquemas para taxar os colonos americanos porque acreditava ser injusto, trazer poucas receitas e alimentar rebeliões. Após terem sido aprovados, Burke exigiu sua revogação.

O início do reinado de Jorge III, em 1760, foi marcado pelo fim de um longo período de "negligência saudável" britânica frente às colônias americanas. O novo rei, seus ministros e uma maioria do Parlamento tinham a intenção de mostrar aos americanos quem estava no comando. Em 1775, tensões crescentes levaram diretamente ao "disparo ouvido ao redor do mundo" em Lexington, seguido, em 1776, pela Declaração de Independência e pelo conflito armado. Não foi até quase o fim da guerra, que acabou oficialmente em

1783, que a opinião pública britânica se manifestou contra as políticas severas do governo de Londres. Por muitos anos, então, Burke fez parte da minoria na defesa dos Estados Unidos e contra o conflito entre as duas nações.

Em 1774, Burke fez um apelo eloquente perante o Parlamento. Conclamou o governo britânico a deixar os colonos americanos em paz na questão fundamental da "tributação sem representação":

> Sempre retornem aos seus princípios originais — busquem a paz e garantam-na; deixem a América. Se ela tiver o que taxar, que taxe a si mesma. Não falo aqui da distinção de direitos, nem mesmo quero demarcar seus limites. Não me importo com essas distinções metafísicas; odeio até mencioná-las. Deixem os americanos como sempre estiveram — e que essas distinções, nascidas de nossa disputa infeliz, morram [...]. Fiquem satisfeitos em tratar com as colônias americanas pelas leis do comércio, como sempre fizeram [...]. Não as sufoquem com tributos [...]. Mas, se de forma imoderada, imprudente e fatal quiserem envenenar a própria raiz de seu governo ao impor deduções sutis e consequências odiosas para aqueles que vocês governam, devido à natureza ilimitada e ilimitável da soberania suprema, vocês os farão questionar sua própria soberania [...]. Se a soberania e a liberdade deles não puderem ser reconciliadas, o que acontecerá? Eles jogarão a soberania em sua cara. Nenhum grupo de homens será convencido à escravidão. Senhores, deixem em paz os cavalheiros do outro lado [...].

> Digam-me, que tipo de liberdade têm os americanos, e de que forma de escravidão se libertaram, se tiverem sua propriedade e indústria limitadas em seu comércio, e, ao mesmo tempo, transformados em burros de carga de todo tributo que vocês resolverem impor, sem o menor tipo de retorno. Se suportarem o peso do monopólio ilimitado, você os fará carregar o peso da receita ilimitada? Os britânicos nos Estados Unidos verão isso como escravidão; o fato de ser escravidão legal não será compensatório nem para seus sentimentos nem para seu entendimento.

Um ano depois, à medida que se enfraqueciam os laços entre Reino Unido e as colônias, Burke novamente pediu paz e reconciliação. De forma marcante, relembrou seus colegas na Câmara dos Comuns de que os americanos também eram cidadãos britânicos:

> Portanto, os americanos estão comprometidos não apenas com a liberdade, mas com a liberdade segundo os ideais e os princípios britânicos. São protestantes [...], uma filiação não apenas favorável à liberdade, mas dependente dela. Trato as colônias com profunda afeição que cresce por motivos tais como nomes comuns, laços de sangue, privilégios similares e proteção igual. Embora leves como o ar, esses laços são tão fortes como grilhões de ferro. Permitam às colônias manterem a ideia de seus direitos civis atrelados ao governo britânico — pois se agarrarão a isso, seguindo nossas decisões, e nenhuma força terrena terá o

poder para quebrar essa aliança. Mas tente impor que seu governo pode ser uma coisa, enquanto seus privilégios, outra totalmente diferente, e que ambas podem existir sem relação entre si — e o cimento se foi, a coesão é afrouxada e o destino será a ruína e a dissolução. Enquanto tiverem a sabedoria de manter a autoridade soberana desse país como o santuário da liberdade, o templo sagrado consagrado à nossa fé comum, sempre e quando a raça escolhida e os filhos da Inglaterra enalteçam a liberdade, virarão suas faces para vocês [...]. A escravidão pode surgir onde for, pois é uma peste que cresce em todo tipo de solo. Os americanos podem tomá-la da Espanha ou da Prússia. Mas, até vocês, britânicos, perderem todo sentimento por seu verdadeiro interesse e dignidade natural, a liberdade só poderá vir de vocês.

Na visão de Burke, a guerra contra as colônias americanas só poderia levar ao desastre. Mesmo se a Grã-Bretanha saísse vitoriosa, o custo seria gigante em termos de vidas, erário e boa vontade. "O uso da força sozinho é apenas *temporário*", alertava. "Pode ser suficiente para um momento, mas não remove a necessidade de nova subjugação, e uma nação não pode ser governada se sempre estiver sendo conquistada." Ele declarou abertamente que o apoio à guerra era o mesmo que "desejar sucesso à injustiça, à opressão e ao absurdo".

Burke criticava a intromissão do governo em todas as esferas e argumentava que tratar pessoas como peões de um xadrez político servia apenas para alimentar a violência e a desordem. "Pessoas esmagadas pela lei", refletia, "não têm esperança em seu poder. Se as leis são suas inimigas, elas serão inimigas das leis; e aqueles que têm muita esperança e nada a perder sempre serão perigosos." Em sua famosa carta aos xerifes de Bristol em 1777, notou que a liberdade é quase sempre perdida não por um golpe seco, mas por um corte de cada vez: "O verdadeiro perigo é quando a liberdade é corroída por conveniência, parte por parte". Ele era líder dos debates parlamentares — talvez o mais importante de sua época — em favor de estabelecer limitações constitucionais sobre o poder governamental, fosse esse emanado do rei ou do próprio Parlamento.

O anglicano Burke defendia a causa impopular da emancipação católica, apoiando o direito de os católicos ocuparem posições no governo, opondo-se à apropriação de fundos públicos para apoiar a Igreja Anglicana na Irlanda.

Ele era um defensor ferrenho do livre comércio numa época em que as ideias de livre comércio de Adam Smith só estavam começando a deitar raízes: "O livre comércio não é baseado em utilidade, mas em justiça". Ele falava da "vantagem do livre comércio entre todas as regiões de um mesmo reino", bem como "dos males inerentes de restrições e monopólios". Ecoando Smith, declarava que "o ganho dos outros não é necessariamente nossa perda; pelo contrário, pode gerar maior demanda por nossos produtos".

Ao final da década de 1780, desfrutando privilégios especiais concedidos pelo governo britânico, a Companhia das Índias Orientais dominava a vida política e econômica da Índia. Abusos contra indianos só cresciam, levando Burke a defender o afastamento de Warren Hastings de seu cargo de governador-geral britânico de Bengala. Piers Brendon, em seu *The Decline and Fall of the British Empire: 1781-1998* ["O declínio e queda do Império Britânico: 1781-1998"], relembra que a acusação bem-documentada de Burke rotulava Hastings de "capitão-geral da desigualdade"; um homem "que nunca tinha jantado sem criar uma grande fome"; um abusador "cujo coração estava gangrenado até o núcleo"; e um despojador que se parecia com uma "aranha do inferno", e um "abutre esfomeado que devorava as carcaças dos mortos". Embora a Câmara dos Comuns tenha afastado Hastings de seu cargo, seus amigos na Câmara dos Lordes se recusaram a votar a favor da medida.

A Revolução Francesa que começou em 1789 foi um evento — mais do que qualquer outro — que moldou Burke e sua filosofia política. Seu poderoso tratado de 1790, *Reflections on the Revolution in France* ["Reflexões sobre a revolução na França"], é talvez a crítica contemporânea mais conhecida da revolução, e a fonte principal da alegação de Russell Kirk de que Burke é o pai da teoria política conservadora moderna. Embora aplaudisse o espírito da liberdade que provocara a revolta, Burke identificou rapidamente o caminho trágico que os franceses estavam trilhando. Eles estavam se tornando, em suas palavras:

> Os arquitetos mais hábeis da ruína que já pisaram na Terra. Num curto espaço de tempo, tinham acabado totalmente com sua monarquia, sua igreja, sua nobreza, suas leis, suas

receitas, seu exército, sua marinha, seu comércio, suas artes e sua indústria; (havia o risco da imitação dos excessos da democracia irracional, sem princípios, proscritiva, confiscadora, saqueadora, feroz, sanguinária e tirânica.

Quando os franceses agregaram hiperinflação e controle de preços à panóplia da tirania na década de 1790, Burke se mostrou um hábil defensor da estabilidade da moeda. Ele repreendeu os franceses pela destruição da propriedade privada e da ordem comercial que se seguiriam à depreciação de sua moeda:

> Seus legisladores, grandes inovadores, foram os primeiros a fundar uma comunidade sobre o jogo de azar, infundindo nela esse sopro vital. O grande objetivo dessa política é transformar a França de um outrora grande reino, numa grande mesa de jogos; transformar seus habitantes numa grande nação de apostadores; com essa estratégia, um homem não pode obter ou comprar seu jantar sem algum tipo de especulação. O que ele recebe na manhã não terá o mesmo valor à noite [...]. A indústria se debilitará. A economia se afastará de seu país. A provisão cuidadosa não existirá.

Burke entendia o papel fundamental da sociedade, como destaco nesta série de perfis: a conexão vital entre liberdade e caráter pessoal. "Todos aqueles que escrevem sobre o governo são unânimes ao afirmar que "em meio a um povo majoritariamente corrupto, a liberdade não pode existir". Sua declaração mais eloquente desse princípio apareceu numa carta a um membro da Assembleia Nacional em 1791:

> Homens são qualificados para a liberdade civil na proporção exata da sua disposição a colocar as correntes morais sobre seus próprios apetites — em proporção ao seu amor pela justiça estar acima de sua rapacidade; em proporção à sua sobriedade de entender estar acima de sua vaidade e presunção; em proporção à disposição de ouvir os conselhos dos sábios e bons em detrimento da adulação dos canalhas. A sociedade não pode existir a menos que o apetite e a vontade de um poder controlador seja dominado; e quanto menos disso tiver em seu âmago, mais livre será. Está escrito na constituição eterna das coisas que os homens de mente intemperada não podem ser livres. Suas paixões forjam suas penas.

Burke faleceu em 1797 aos 68 anos, deixando para trás um legado de eloquência na defesa da liberdade e daqueles oprimidos pela autoridade, de católicos a americanos a indígenas. Creio que Winston Churchill o resumiu bem quando escreveu:

> Burke não é apenas um dos maiores apóstolos da liberdade, mas também um dos mais admiráveis campeões da autoridade. Porém, qualquer acusação de inconsistência política é totalmente infundada. A história discerne claramente as

forças e os motivos de suas ações e as imensas mudanças nos problemas que ele enfrentava, que evocaram dessa mesma mente profunda e espírito sincero tais manifestações totalmente contrárias. Sua alma se revoltava contra a tirania, quer aparecesse na forma de um monarca dominador e um sistema de Corte e Parlamento corruptos, quer, proferindo as palavras de alerta a uma liberdade não existente, ela se elevasse contra ele na forma do autoritarismo de uma multidão brutal e de uma seita perversa. Ninguém pode ler o Burke da Liberdade ou o Burke da Autoridade sem identificar um homem que buscava os mesmos fins, os mesmos ideais de sociedade e governo, defendendo-os de ataques de ambos os extremos do espectro político.

Nunca desista!

APESAR DE SER UM OTIMISTA INVETERADO, ADMITO que, às vezes, me sinto pessimista quando leio os jornais. Nesses momentos, eu me pergunto: "Que benefício poderia existir numa atitude derrotista? Ela me faria trabalhar mais duro pelas causas certas? Há algum aspecto da liberdade que tenha sido desmentido pelo resultado da última eleição? Demonstrar um sentimento negativo atrairá mais pessoas para as ideias em que acredito? Essa é a primeira vez na história que os que acreditam na liberdade perderam algumas batalhas? O simples fato de jogar a toalha aumentará nossas chances de vitórias futuras? Nossa causa é tão desprezível a ponto de justificar abandoná-la devido a algumas notícias ruins ou de novos desafios? Devemos voltar à estaca zero só porque a montanha a ser escalada ficou um pouco mais íngreme?

Creio que você saiba a resposta para essas perguntas.

Essa NÃO é a hora de abandonar os princípios. Não posso falar por você, mas algum dia gostaria de olhar para trás e dizer: "Nunca desisti. Nunca me tornei parte do problema que tentava resolver. Nunca concedi ao outro lado o luxo de vencer sem precisar lutar. Nunca perdi uma oportunidade de fazer meu melhor pelo que acreditava, e nunca me importei com as dificuldades ou obstáculos no caminho".

Lembre-se de que descansamos sobre os ombros de muitos que vieram antes de nós e que perseveraram em tempos sombrios. Penso nos homens e mulheres corajosos atrás da Cortina de Ferro que resistiram à maior tirania da era moderna, e venceram. Penso em Hayek e Mises, que mantiveram acesa a chama da liberdade ao longo das décadas de 1930 e 1940, quando todo mundo parecia estar viciado no estatismo de uma ou outra estirpe. Penso em heróis como Wilberforce e Clarkson, que lutaram para pôr fim à escravidão, mudando literalmente a consciência e o caráter de uma nação em face de grandes desvantagens. Penso nos patriotas que deram seu sangue pela liberdade americana e encararam terríveis dificuldades para derrotar a nação mais poderosa do mundo, em 1776. Penso nos mártires da Reforma. E penso nos escoceses que, 456 anos antes da Declaração de Independência, arriscaram suas vidas para repelir os invasores britânicos com essas grandes palavras: "Não é por honra, glória ou riqueza que lutamos, mas pela liberdade, a que nenhum homem bom deveria renunciar em sua vida".

Quando penso no que alguns desses homens e mulheres enfrentaram, os obstáculos que encontramos hoje parecem pequenos. Fico envergonhado por tremer com tão pouco.

Se quiser meu conselho, não deveríamos gastar nem um segundo nos sentindo mal. É nesses momentos que nosso caráter fica evidente. Se recuarmos, teremos demonstrado que nunca fomos merecedores da batalha, mas se permitirmos que esses tempos difíceis moldem nosso caráter e nos ensinem a ser melhores e mais inteligentes, convencendo nossos amigos a níveis maiores de dedicação, olharemos para trás algum dia com orgulho por termos lidado com a situação. Já se passaram das nove da manhã. Você já ligou para falar coisas boas para alguém?

Acredite, pessoas que hoje cantam vitória, salivando pela oportunidade de usar mais força e mais coerção em nossas vidas, não são gênios divinamente inspirados. Não serão os primeiros na história do planeta a descobrir como fazer um governo inchado funcionar. É mais provável que essa pessoas, na verdade, deem aos defensores da liberdade oportunidades únicas para alavancar seus argumentos com ainda mais eloquência e efeito. Quando se curvarem, será que as ideias corretas estarão prontas para mudar as coisas para melhor? Isso depende de nós. Aproveitaremos a oportunidade?

Use esse tempo para pensar sobre o que você pode fazer pela liberdade, alcançando públicos maiores de formas que luzes acendam na mente da pessoas. Apoie outros que estão trabalhando em tempo integral pela liberdade. Inspire, não expire.

Fico feliz por dizer que, após algumas horas de desânimo, estou com um sorriso no rosto e cheio de otimismo, pronto para encarar desafios e colocar as mãos à obra. Para todos aqueles que estão esperando que pessoas como você e eu fiquemos em silêncio, podem pensar. Você não perdem por esperar!

Avante pela liberdade!

SOBRE O AUTOR

Lawrence W. ("Larry") Reed foi presidente da Foundation for Economic Education (FEE) no período de 2008 a 2019, em Atlanta, no estado da Geórgia. Antes disso, foi fundador e presidente por vinte anos do Mackinac Center for Public Policy em Midland, Michigan. Ele também ensinou Economia em tempo integral e presidiu o Departamento de Economia da Northwood University, em Michigan, de 1977 a 1984.

É formado em Economia no Grove City College (1975) e em História na Slippery Rock State University (1978), ambos na Pensilvânia. Tem dois doutorados honorários, um em Administração Pública pela Central Michigan University (1993) e outro em Direito pela Northwood University (2008).

Defensor da liberdade, Reed escreveu mais de mil colunas e artigos para jornais, bem como dezenas de artigos em revistas e periódicos nos Estados Unidos e no exterior. Seus escritos apareceram em publicações como *The Wall Street Journal*,

Christian Science Monitor, USA Today, Baltimore Sun, Detroit News e *Detroit Free Press,* entre outros. Ele foi autor ou coautor de cinco livros, sendo os mais recentes *A Republic—If We Can Keep It* e *Striking the Root: Essays on Liberty.* É entrevistado com frequência em programas de rádio e foi convidado para diversos programas de TV, incluindo os ancorados pelo juiz Andrew Napolitano e por John Stossel na FOX Business News.

Reed proferiu mais de setenta e cinco discursos anualmente nos últimos trinta anos — praticamente em todos os estados dos EUA e em dezenas de países, da Bulgária à China e à Bolívia. Suas palestras mais conhecidas incluem *Seven Principles of Sound Policy* e *Great Myths of the Great Depression,* que foram traduzidos para uma dezena de línguas e distribuídos ao redor do mundo.

Seu interesse em questões políticas e econômicas o levou como jornalista independente a mais de oitenta países em seis continentes. É membro da prestigiosa Mont Pelerin Society e um conselheiro para diversas organizações ao redor do mundo. Serviu por quinze anos como membro do conselho (e um mandato como presidente) do State Policy Network. Seus diversos reconhecimentos (prêmios) incluem "Campeão da Liberdade", concedido pelo Mackinac Center for Public Policy e o de "Ex-alunos distintos" do Grove City College.

É nativo da Pensilvânia, residiu em Michigan por mais de trinta anos e vive atualmente em Newnan, Geórgia.

Você pode encontrar mais informações em: www.lawrencewreed.com

CONHEÇA NOSSA LINHA SOBRE POLÍTICA E PENSAMENTO LIBERAL

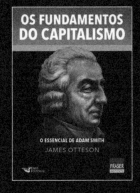

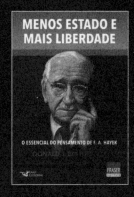

**CONHEÇA MAIS SOBRE O AUTOR EM:
WWW.LAWRENCEWREED.COM**

**ASSINE NOSSA NEWSLETTER E RECEBA
INFORMAÇÕES DE TODOS OS LANÇAMENTOS**

www.faroeditorial.com.br

CAMPANHA

Há um grande número de portadores do vírus HIV e de hepatite que não se trata. Gratuito e sigiloso, fazer o teste de HIV e hepatite é mais rápido do que ler um livro.

FAÇA O TESTE. NÃO FIQUE NA DÚVIDA!

FARO EDITORIAL

ESTA OBRA FOI IMPRESSA PELA
GRÁFICA ASSAÍ EM NOVEMBRO DE 2019